中国手作——传统手工艺匠心系列丛书

瓷器光华

Ciqi Guanghua

王锦强 ◎ 审定
周莉芬 ◎ 主编

中国科学技术出版社
·北京·

图书在版编目（CIP）数据

瓷器光华 / 周莉芬主编 . — 北京：中国科学技术出版社，2022.12

（中国手作——传统手工艺匠心系列丛书）

ISBN 978-7-5046-9830-8

Ⅰ.①瓷… Ⅱ.①周… Ⅲ.①瓷器 – 手工业者 – 介绍 – 中国　Ⅳ.① K828.1

中国版本图书馆 CIP 数据核字（2022）第 202091 号

策划编辑		徐世新
责任编辑		向仁军
封面设计		锋尚设计
版式设计		锋尚设计
责任校对		焦　宁
责任印制		李晓霖

出　　版		中国科学技术出版社
发　　行		中国科学技术出版社有限公司发行部
地　　址		北京市海淀区中关村南大街 16 号
邮　　编		100081
发行电话		010-62173865
传　　真		010-62173081
网　　址		http://www.cspbooks.com.cn

开　　本		710mm×1000mm　1/16
字　　数		220 千字
印　　张		13.75
版　　次		2022 年 12 月第 1 版
印　　次		2022 年 12 月第 1 次印刷
印　　刷		北京瑞禾彩色印刷有限公司
书　　号		ISBN 978-7-5046-9830-8/K・341
定　　价		98.00 元

（凡购买本社图书，如有缺页、倒页、脱页者，本社发行部负责调换）

编委会

总 顾 问 王锦强
学术顾问 潘建武　蒋同磊　李锦峰　蔡炳龙　冯玮瑜
　　　　　　郑　勇　覃淑琴
主　　任 周莉芬
副 主 任 刘　蓓　卜亚琳　刘　稳　陈　晨　蔡　卉
　　　　　　张一泓　袁　静　石舜禹　杨　洋　林毓佳
委　　员 郭海娜　崔　倩　薛　萌　王　涵　张　阳
　　　　　　樊　川　于丽霞　饶　祎　赵　景

引言

中国是瓷器的故乡,一度被西方称为"瓷国"。中国瓷器的发展史在某种程度上是中国文明发展史的一个缩影。在海上贸易繁盛的阶段,大量的瓷器远销海外,对西方的瓷器文化也产生了深远的影响。

瓷器在中国的发展

中国的英文China也是"陶瓷"的英文译名。在很多人看来,陶瓷应该是同一种器物,其实不然,陶瓷是陶器和瓷器的总称。不知从何时起,我们习惯将陶和瓷画上等号,而忽略了陶的意义。其实,陶器比瓷器有着更悠久的历史,据考古(仙人洞遗址的陶片)研究发现,我们的先民在两万年前就已经开始制作陶器了——先有陶而后有瓷,瓷器的烧制要晚于陶器,且瓷器是在陶器的基础上发展演变而来的。

陶器——龙凤砚

瓷器——富贵牡丹盘

从陶器发展到瓷器，经历了一个过渡的阶段，那就是半瓷质陶器的出现。这种半瓷质的陶器大约出现在商代中期，可以算作是中国出现得最早的瓷器。此时的半瓷质器具的烧制工艺很粗糙，烧制温度较低，还具有最初的原始性和过渡性，因此也被称为"原始瓷"。

中国真正的瓷器出现在东汉时期的南方地区。考古团队在浙

西周原始瓷篑

江绍兴上虞区上浦镇石浦村发现了东汉晚期的瓷器窑址（即小仙坛窑址）和青瓷等，出土的瓷片质地细腻，釉面光泽，胎釉结合紧密牢固。这些特点都表明，东汉时期的青瓷器已经摆脱了原始瓷的陶性，具备了真正的瓷器标准。

小仙坛窑址

早期的瓷器以青瓷为主，到了隋唐时期，除了青瓷，白瓷、黄釉瓷、黑釉瓷、花釉瓷等以单色釉为主的瓷器得到了大力发展，装饰技巧也日益丰富，刻花、划花、印花、贴花等花纹装饰技巧被大量使用。五代时期，瓷器制作的技艺更加高超，此时的瓷器生产大致可分为南北两大瓷系。南方瓷器以越窑"秘色瓷器"著名，而北方瓷器以有"片瓦值千金"美誉的柴窑为代表。柴窑是五代时期后周柴世宗的御窑，柴窑生产的瓷器"青如天，明如镜，薄如纸，声如磬，滋润细媚，有细纹"。

瓷器发展至宋朝时期，出现了赫赫有名的五大制瓷名窑——雨过天晴的汝窑，雍容典雅的官窑，金丝铁线的哥窑，五彩斑斓的钧窑，纯白润泽的定窑。这离不开当时经济、科学技术的高度发达，

东汉越窑青瓷双系罐 　　　　　　唐代白釉盖罐

陶瓷业工艺、规模也繁荣昌盛，堪称中国陶瓷史上的黄金时代。也是在此时，原名昌南镇的"瓷都"景德镇得以出名。宋真宗赵恒在景德元年（1004）对景德镇所产的青白瓷爱不释手，龙颜大悦之下，为其赐名为"景德镇"，这是历史上第一次出现景德镇三个字，并一直沿用至今。

汝窑莲花式碗 　　　　　　　　　官窑青釉贯耳瓶

哥窑五方倭角洗

钧窑镂空座四兽面双螭耳瓷瓶　定窑刻花小口瓶

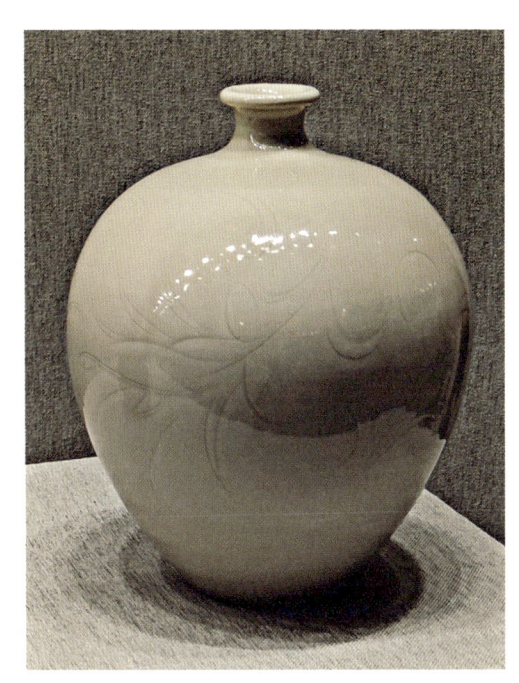

元代的疆域极其广阔，交通也十分发达，此时的商品可经陆路、海路运至世界各地，瓷器也是输往世界各地的重要商品。在元代，重要的瓷窑厂有浙江龙泉窑，盛产青瓷。江西景德镇也是这一时期的重要窑厂，除了产出白瓷、青白瓷、青花，还烧造出了釉里红、祭红等。元代釉里红是中国传统瓷器烧造中最具代表性的一个品种，也是陶瓷装饰历史上的一个重要发明。青花和釉里红都是新产品，此时的青花瓷吸收了汉文化的特点，大多数外销到中东很多伊斯兰国家。

元代釉里凤纹玉壶春瓶

明清时期，瓷器发展进入鼎盛时期，瓷器生产的数量和质量都达到了高峰。当时，全国各地的窑口日渐衰落，景德镇作为御造厂反倒有了兴起之势，这与明清时期皇权影响的不断加强有着千丝万缕的联系。各种颜色的釉瓷和彩瓷成为景德镇的主要产品，代表着景德镇突出的制瓷水平。其中，青花瓷、黄釉瓷、珐琅彩、粉彩都是这个时期的突出代

珐琅彩虎噬鹿工艺品

表。到了清朝末期,这些极具代表性的瓷器品种随着清政府的衰落而衰落,直到中华人民共和国成立之后,才有了复苏之势。

海上瓷路与国际影响

土做的瓷器体积大、重量沉,陆地运输时容易产生破损,而海上运输平稳安全,运输量大,具有很大的优势。"海上丝绸之路"从商周时期就开始萌芽,进入汉代后初步形成,唐宋时期走向兴盛,明清时期不断发展,是目前已知的最为古老的海上航线。

中国以"瓷国"享誉世界,从公元8世纪末开始,中国陶瓷开始外销。经晚唐、五代到宋初,中国瓷器的输出迎来了第一个发展高潮。这一阶段输出的陶瓷品种主要有唐三彩、邢窑和定窑的白瓷、越窑青瓷等。相关资料显示,亚非各国中世纪遗迹中出土的晚唐到宋初的瓷器,与"丝绸之路"的运输相关。

唐三彩

越窑青瓷刻花瓶

宋代到明初时期是中国瓷器输出的第二个高峰阶段。这时外销的瓷器规模扩大，品种更加多样，主要有龙泉青瓷，景德镇青花、釉下彩等各类瓷器，吉州窑瓷，赣州窑瓷，建窑黑瓷等多地窑口的多种瓷器。根据《宋史》中的记载，仅宋朝时期，与中国有贸易往来的国家就有二十多个。

到了明朝，中国的陶瓷发展水平进入巅峰状态，中国陶瓷行销各地，使西方诸国领略到了极富魅力的东方文化和制瓷工艺，西欧皇室也开始了宫廷收藏之风。有相关记载表明，当时法国凡尔赛宫托里阿诺宫的修建就是为了收藏中国的瓷制工艺品。不少收藏者还给手中的瓷制品标上了特有的记号，当作传家宝流传下去。现在收藏于德国卡赛尔朗德博物馆的一件青瓷碗，上面有卡泽伦博格伯爵的纹章图案，是现存欧洲最早的有年代标识的明朝瓷器，几百年来一直是黑森家族的传家宝。

彩绘镂空花卉纹盘（德国德累斯顿瓷器）

当时的西欧市场也兴起了陶瓷之风,皇室以及贵族的追捧让瓷器成为当时最炙手可热的珍品,甚至影响着整个欧洲瓷器文化的走向。根据《明实录》中的记载,万历年间,每年有大约17万件的瓷器被销售到欧洲地区。比较平常的瓷质餐具在欧洲民间流传,法国还曾进行过全国性的"日常用品改革",将铁质的餐具变为中国的瓷制品。

清末外销瓷盘

随着中国瓷制品走进欧洲的千家万户,中国独特的艺术模式也与当时欧洲的艺术文化有了一定融合。不少西方的艺术家会将精美的瓷制品加以改造,融入自己的艺术创作灵感,从而形成新的艺术作品。也正是这种中西结合的艺术手法催生了当时欧洲颇为盛行洛可可艺术。

瓷器作为一种手工艺术品,体现着东方艺术的独特魅力,也凝聚着一个民族的审美和智慧,它在制作手法上的不可超越使得西方的学习者只能模仿,却无法突破,掌握真正的神韵精髓。

中西结合的瓷器——伯特格尔瓷瓶

目录

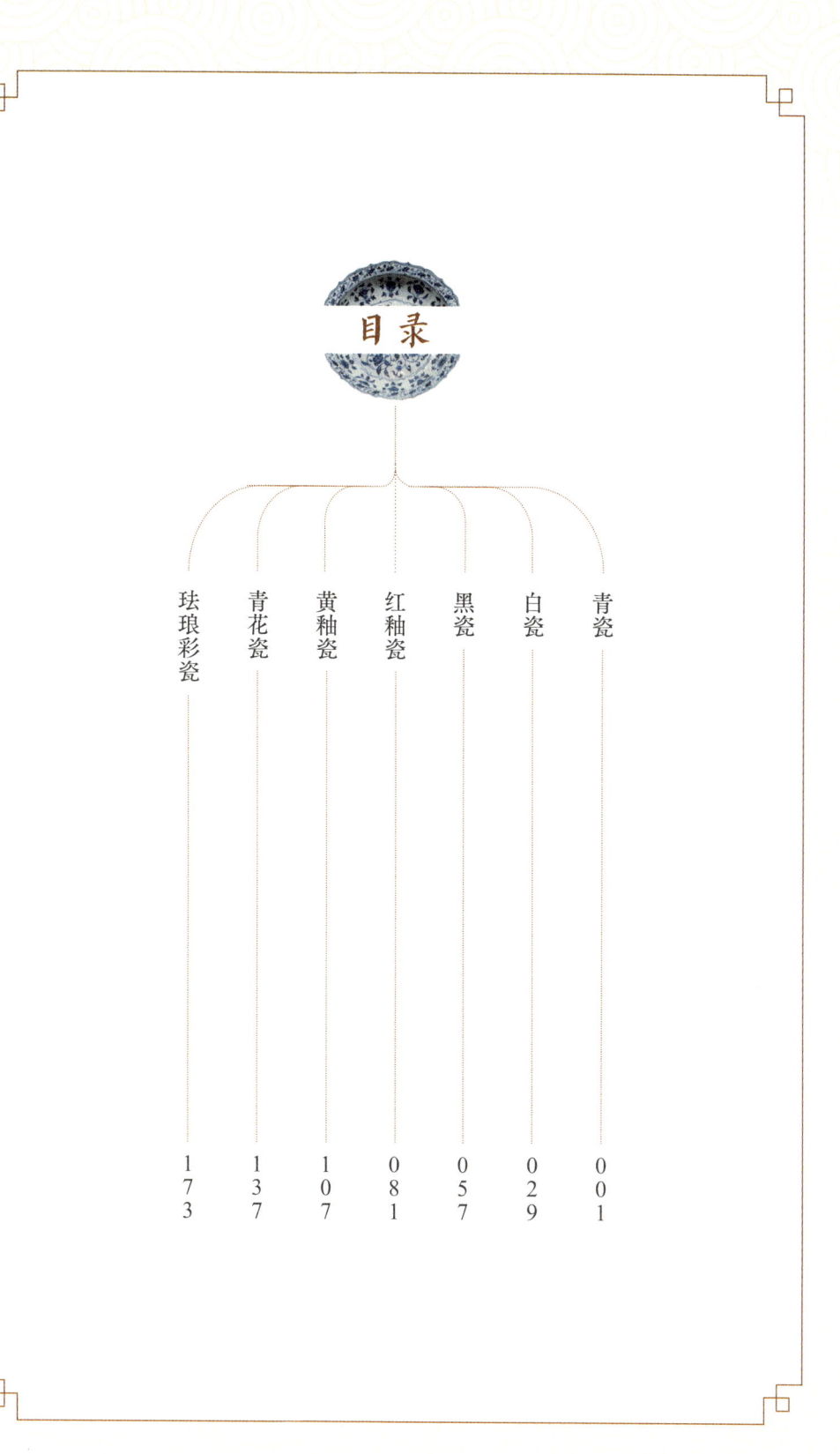

- 青瓷 001
- 白瓷 029
- 黑瓷 057
- 红釉瓷 081
- 黄釉瓷 107
- 青花瓷 137
- 珐琅彩瓷 173

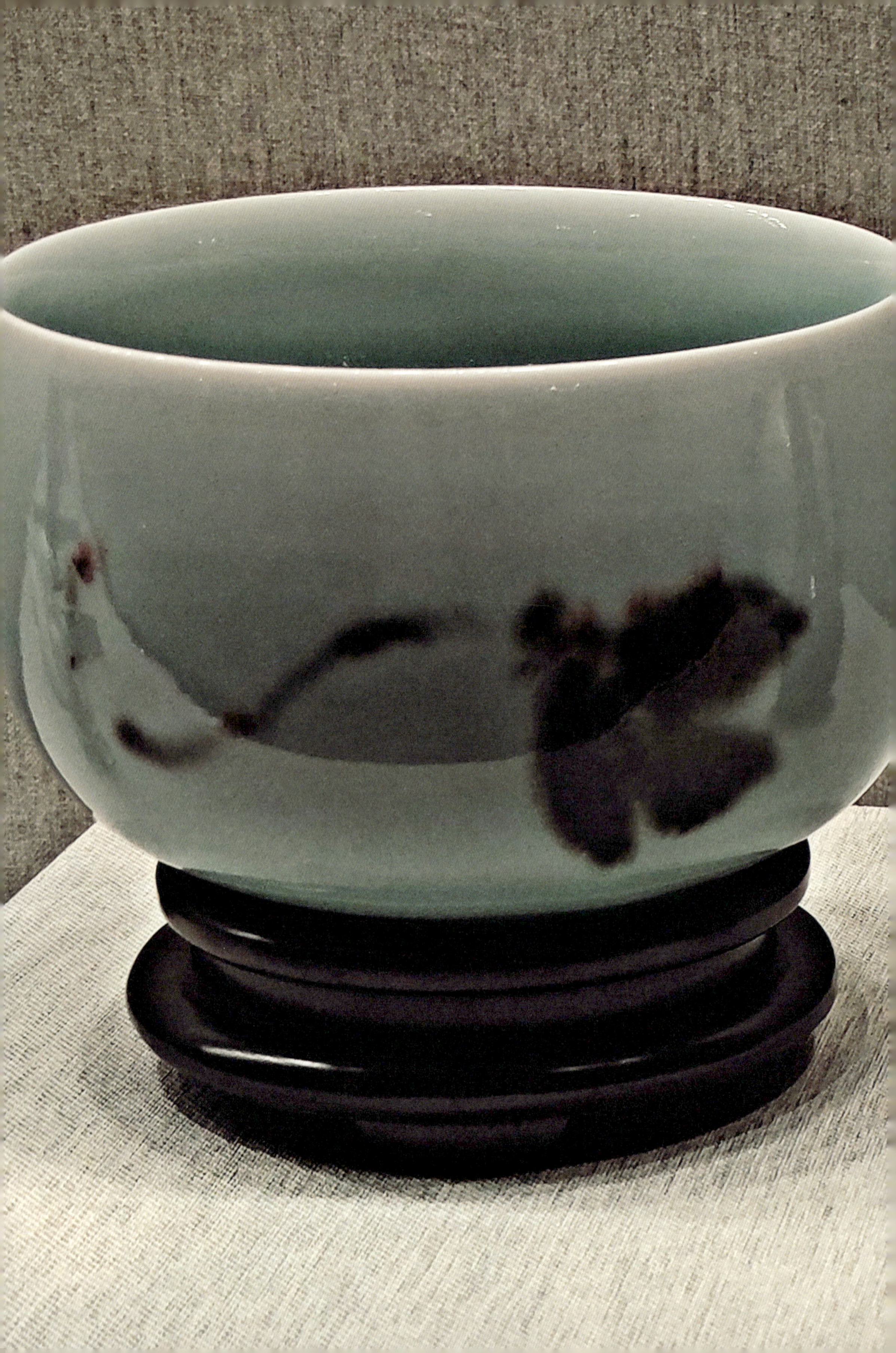

青瓷
Qingci

一件作品

一抔泥土，一个转盘，一门手艺，拉出了青瓷的端庄秀美、体态万千。这件青瓷莲花尊集刻画、浮雕、模印等多种装饰技法于一身，代表了南北朝时期的制瓷水平。

实用性与视觉美

青瓷，是中国最早出现的一种瓷器，它的表面施有青色釉。釉是一种硅酸盐，经过火烧后，就成了光亮面。涂抹在青瓷胎体的釉料中含有一定量的无机物——氧化铁，因釉料中氧化铁含量的差异和烧制过程中窑内火焰温度的不同，瓷器的色调会变得不同，有淡绿色、烟青色、淡黄色，有些还隐约透着青绿色。古时候，人们对这些颜色并不敏感，所以将其统一称为"青色"。后来，世人根据古籍资料所示，将这类颜色多样的瓷器称作青瓷，而实际上这种瓷器并不是纯粹的青色。

青瓷莲花尊

青瓷色调

青瓷　003

青瓷的质地细腻，有着疏朗利落的线条，造型上端庄大方，颜色烟青翠绿，整体风格朴素淡雅。这些都是青瓷的艺术特点，也是它极富盛名的原因。从大量出土的青瓷中看，其胎质呈灰白色，釉色呈现出不同的绿色，如黄绿色、青绿色、翠绿色等，釉面光亮莹润，闪烁着淡雅、柔和的光，样式优美，品种丰富，显现出独具的雅致。正所谓"淡妆浓抹总相宜"，青瓷色彩素雅，纹饰自然、简练，所表现出的是一种绚烂之极归于平淡的美，一种朴素无华、平淡自然的情趣和韵味。

东汉时期的青瓷四系罐，整个造型圆润、朴拙，没有多余的装饰，只以四个可以穿系的半环形耳作整体中的细节变化。全器淡青色，釉层薄而均匀，有开片。此罐肩腹之间有一道弦纹，腹部有模印斜方格纹，整个造型和釉色给人一种朴素、大方的感觉，显出简洁而单纯。

东汉青瓷四系罐

青瓷一般多作为日用品使用，比如酒器和各种容器。随着厚葬之风的盛行，青瓷逐渐作为礼器或殉葬品使用。造型和装饰上的风格则多受时代的审美的影响：早期青瓷造型简练凝重，多仿青铜器，到了三国时期和两晋时期，多以动物造型为主，再之后受佛教影响，以各种莲花纹做装饰，其手法和风格丰富多彩。

动物造型的青瓷

莲花纹做装饰的青瓷

一位有缘人

❀ 龙泉青瓷非遗传承人——潘建武

淡雅纯净、明亮精致是青瓷独特的美。对于一些龙泉人来说，选择青瓷便意味着选择了平淡悠远的生活。可对于青瓷非物质文化遗产传承人潘建武而言，选择青瓷不单是为了过上理想的生活，更多的是一种使命。

元代龙泉窑青瓷云龙纹大盘

❀ 龙泉青瓷

潘建武出生于龙泉青瓷世家,自幼便受到长辈的悉心教导,耳濡目染下对青瓷产生了浓厚的兴趣。1998年,他建立了个人的青瓷作坊——凝翠坊,专门从事工艺瓷、礼品瓷的烧制。他就像一个青瓷画家,调制出了如龙泉天空一般纯净透彻的梅子青色、粉青色、月白色、豆青色……并将其融入青瓷的创作。

梅子青色的龙泉青瓷

粉青色的龙泉青瓷

自潘建武进入龙泉瓷厂工作,便学习青瓷的成型工艺。这期间,潘建武通过不断的专研与实践,掌握了从原料配制到烧成瓷器的一整套龙泉青瓷传统烧制技艺,刻、划、跳刀等技法运用熟练。他创作的瓷器构思巧妙,工艺精细,具有独特的艺术风格。

他创作的青瓷作品屡获殊荣,其中,《时来运转》荣获首届亚太传统工艺博览会金奖,并受邀参加2013法国卢浮宫中国书画艺术展。他的代表作品《年年有余》,获得了工艺美术大师作品暨工艺美术精品博览会特等奖;《龙纹香薰》荣获中国(北京)国际文化产品交流会金奖;《兽耳盖罐》《国色天香》等十件作品在G20杭州峰会欢迎宴接待场馆陈列展示,并被浙江西子国宾馆永久收藏,被选为国礼。

家传手艺具有一种天然的优势,这是一种殊荣,也是一种莫大的压力,但他并没有因为起点高而削弱奋斗之心,将压力转化为动力,像自己的祖辈一样,扛起了属于自己的一片天。他默默奉献着自己的艺术才华,为青瓷的传承和发展贡献着自己的力量。

◈ 独自钻研与摸索,成就精湛技艺大师——蒋同磊

2018年斯诺克世锦赛上,一座高度达44厘米、纯手工打造的精美龙泉青瓷奖杯吸引了众人的目光。这座奖杯高贵庄重、古朴雅致,据说是从26个青瓷奖杯模型中脱颖而出,被选为冠军杯的。

龙泉青瓷奖杯在斯诺克国际锦标大赛上大放异彩,为斯诺克世锦赛画上了圆满的句点。即便如此,它的设计者蒋同磊却鲜为人知。

蒋同磊是浙江省龙泉市青瓷从艺者,虽不是出身于青瓷世家,但他不断雕琢技艺,最初没有前辈引领,便自己去钻研和摸索;而单单青瓷技艺的入门,他便用了十年。在青瓷的创作路上,他吃了

不少的苦头。即便如此，他一刻都未曾有过放弃的念头，甚至越挫越勇，终于将所有制瓷工序摸透。

  经十几年的努力，蒋同磊终于从对瓷器一无所知的"门外汉"，成长为精通制瓷80多道工序的匠人，可以说，是热爱与信念激发了他的创作才能。除了精美绝伦的龙泉青瓷奖杯，他还创作了《麒麟盖罐》《四羊方尊》等作品。它们因工艺精湛、外形秀美而被浙江省博物馆永久收藏。

  一路走来，青瓷的传承与创新一直是蒋同磊最看重的事。龙泉青瓷的制瓷历史因孙坑窑的消失而中断，蒋同磊为了缅怀龙泉古老的青瓷文化，将自己创办的工作室命名为"孙坑窑龙泉青瓷传习研究所"，以此勉励自己不忘初心，传承千年窑火。

收藏蒋同磊作品的浙江省博物馆

一门手艺

物质材料是青瓷制作成型后展现瓷器风格的重要物质条件。充分发挥物质材料的特点，研究材料本身的美，是工艺美术的特性。只有将物质材料的特点发挥到极致，才能更好地展现出材质的固有美。

青瓷就是这样的一种典型。青瓷是土与火的艺术，是胎和釉料完美配合的展现。从历代的青瓷器中可以看到，匠人们通过不断总结和积累经验，对原料进行精选；施釉的技术由刷釉变为浸釉，釉层逐渐变均匀；胎料和釉料配制得当，使胎釉在烧成时膨胀和收缩趋向一致，附着牢固。其中，对窑炉结构的改善和技术的提高，促进了青瓷的成熟。

制瓷匠人们很好地掌握和运用了火的温度，烧出了具有独特色泽的釉色，使青瓷具有朴素、淡雅的风格。

制瓷匠人模型

清代陶瓷艺术家唐英编排的作品《陶冶图说》中有"或相物而赋形，亦范质而施采"之说。根据青瓷本身的材质特点，匠人们赋予了它相应的造型形式和装饰手法，如前所述，以简洁和典雅的艺术语言，形成了青瓷朴素、自然的美。

龙泉青瓷的装饰方法多种多样，有刻、划、印、贴、堆、塑、镂、捏、露胎等。北宋时期，龙泉青瓷的装饰方法以刻、划为主；宋元之际，龙泉青瓷以器型和釉色取胜，少装饰，以光素为主；元中期以后，印、贴、堆、镂以及刻、划等装饰方法盛行。

南宋龙泉官窑产品薄胎厚釉，不适合刻、划、印、镂，也不适合装饰，这个时期的龙泉官窑青瓷体现的是一种极致的自然美，或许这也是龙泉青瓷的最高境界。

南宋龙泉窑青瓷

北宋龙泉窑青瓷刻花碗

随着龙泉青瓷走进寻常百姓人家，受生产效率的驱使以及社会审美的影响，装饰方法就成为弥补厚胎薄釉的一种有效的办法。什么样的器型适合使用什么样的装饰方法，古人创下了诸多典范，但随着时代审美情趣的变化，在青瓷的制作过程中，装饰方法也悄然改变。龙泉青瓷之所以能发展到最高境界，离不开制瓷匠人对工艺的不断雕琢，离不开时代的审美情趣和技术进步。

元龙泉窑青瓷双耳衔环瓶

一方水土

龙泉地处浙江西南部，位于浙江、江西和福建的接壤处。这座典雅的城市，自古便有"驿马要道，商旅咽喉"之称，它因剑而得名，凭瓷生辉。中国南北朝时期，生活在龙泉的手工匠人凭借着得天独厚的自然条件，率先烧制出了美丽的青瓷。

浙江龙泉风景

◉ 自然条件优越

龙泉境内山岭连绵，森林茂密，瓷石、瓷土等矿藏资源极为丰富，为龙泉陶瓷手工业的发展提供了可观的燃料与泥料。蜿蜒曲折的瓯江从龙泉西北面的山麓间流出，不仅解决了当地人的生产、生活用水问题，还可将匠人们生产的瓷器输往外地。可以说，瓯江在一定程度上促进了龙泉瓷业的发展。

瓯江

❂ 历史悠久，技术进步

龙泉青瓷诞生于中国南朝时期，北宋时期得到较大发展，至南宋时，达到鼎盛。在青瓷发展的历史长河中，将青瓷推向巅峰的当属南宋时的浙江龙泉青瓷。从龙泉窑近年来出土的大量青瓷来看，这是最进步的南方青瓷，胎质和釉色都比越窑秘色瓷器还要进步。

南宋官窑博物馆

❂ 北人南迁，政治经济中心南移

靖康之变后，宋高宗赵构在南京应天府（今河南商丘）称帝，北方大批老百姓也向南迁徙，至此，宋朝的政治与经济中心也移向了南方。战争的时常爆发，导致北方的瓷窑纷纷被战火毁坏，龙泉境内的瓷窑也难以幸免。万幸的是，南宋末期，来自北方的大批老百姓中，包含有大量的制瓷匠人，他们在龙泉安居，并给当地的瓷窑带来了先进的制瓷工艺。在南北方制瓷工艺的碰撞下，龙泉窑发展迅猛，开启了青瓷的黄金时代。

南宋官窑博物馆内镌刻着"青瓷故乡"的大石头

❀ 海上贸易蓬勃发展

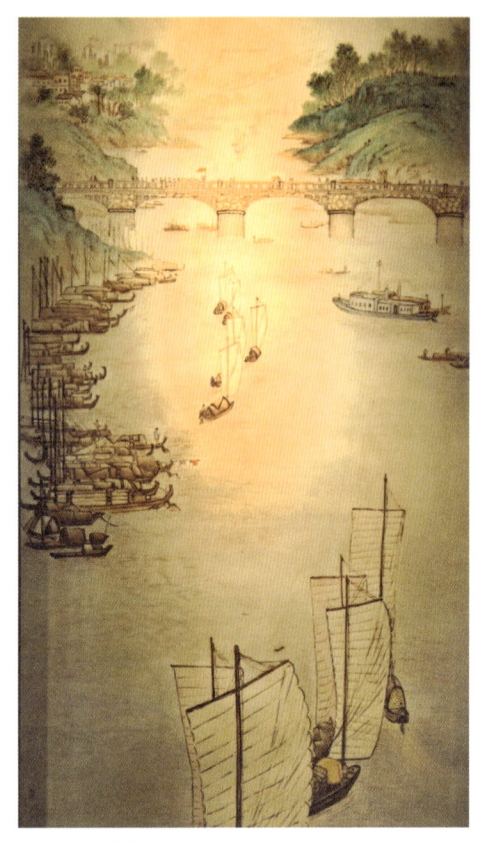

南宋时期，宋朝战事失利，需要向金国缴纳大量的钱财，导致国家财政困难。政府为了缓解财政上的压力，开始注重经济的发展，其中对外贸易便是发展经济的良好途径。龙泉依靠便利的交通，将大量精美的瓷器销售至众多的海外国家，青瓷也成为当时炙手可热的出口产品之一。在海上贸易的影响下，龙泉境内建立起了大大小小的陶瓷铺，制瓷工艺也得到了很大的提升，烧制的瓷器品质越来越好。

古代瓷器通过水路进行运输

◈ 民俗文化资源极具特点

龙泉在长期以来的发展中形成了淳朴自然的民俗民风。具有地方特色的美食有老鼠爪、槎儿冻等，民间习俗有捣黄果、揉麻糍、做豆腐、采香菇等，这些民俗民风也逐渐渗透到传统工艺中。细观民间青瓷的制作，无不体现着龙泉特有的文化底蕴和民风民俗的特点。淳朴自然的民俗民风融入了龙泉人的血脉，浸染了制造青瓷的瓷石、瓷土，反映了龙泉人追求舒适、自然、和谐的生活方式。

龙泉民间习俗——采香菇

现代龙泉青瓷继承了古代青瓷的特色,并有所突破和发展,历年来在各类全国性评比中夺魁,其精品被誉为"国宝",被人民大会堂、中南海紫光阁、故宫博物院、中国历史博物馆所陈列和收藏。1998年国庆节之后,国家邮政总局发行了一套以龙泉窑瓷器为主题的特种邮票。

龙泉青瓷制瓷业现在也十分兴旺,产品远销60多个国家和地区,深受国内外消费者的喜爱。

现代青瓷艺术品——仿元代龙泉窑青瓷舟形砚滴

一段历史

传统的龙泉青瓷有"哥窑"和"弟窑"之分。哥窑为著名的宋代"官、哥、汝、定、钧"五大名窑之一，历史悠久，驰名中外。北宋时烧造的早期龙泉窑瓷器还比较原始，花纹和造型都与越窑瓷器接近，这是因为龙泉窑源于越窑。北宋末年，朝廷不再要求瓷器按照宫廷的标准制作，民间瓷窑开始大胆创新，研发新的样式，这使得瓷器的做工更加精巧，外形更加丰富。到了南宋，龙泉窑开始大力发展，在青瓷民窑中最有名。

据说，哥窑、弟窑为章氏兄弟所造，哥哥所造的叫哥窑，弟弟所造的叫弟窑，弟窑瓷器是龙泉窑的代表作。在龙泉青瓷常见的两类产品中，将白胎和朱砂胎青瓷称为"弟窑"或"龙泉窑"；将另一种釉面开片的黑胎青瓷，称为"哥窑"。

哥窑鱼耳炉

弟窑青瓷

青瓷　019

"弟窑"青瓷釉面圆满莹润，釉色呈现青碧富有光泽，看起来格外柔和，就像一块绿翡翠似的。瓷器有梅子青、粉青、月白、豆青、淡兰、灰黄等不同釉色。"哥窑"青瓷是一种釉有裂纹的特殊瓷器。它的釉色极不一致，以瑰丽、古朴的纹片为装饰手段，如冰裂纹、蟹爪纹、牛毛纹、流水纹、鱼子纹、膳血纹、百圾碎等，其釉层饱满、莹洁，素有"紫口铁足"之称，与釉面纹片相映，更显古朴、典雅，堪称瓷中珍品。但是在考古上，这种说法还有待考证。

釉色上的冰裂纹

　　中国五代至北宋时期，龙泉的制瓷匠人将得天独厚的自然条件与越窑和瓯窑的制瓷工艺相结合，开启了青瓷的制作。这时，制瓷匠人烧制的青瓷外表相对粗糙，瓷窑尚未壮大。五代至宋代时期，根据史籍记载，夹缝中生存的吴国、越国连年向中原的统治者提供数量惊人的"秘色瓷"，以维持国家间良好的外交关系。数量众多的瓷器贡品让越州的瓷窑不堪重负，于是一部分贡品转由龙泉窑进行生产制作，龙泉窑由此迎来了发展的机会。

　　虽然龙泉的地理位置偏僻，但境内有瓯江流经，载重货船可

北宋越窑青瓷注子

以从龙泉沿江而下直达温州港，水上交通的开发使龙泉窑系绵延数百千米，甚至影响到闽北的窑口，在这范围内生产的瓷器都是龙泉窑的风格。龙泉窑大大小小的制瓷手工坊遍布在河边与溪边的山间坡地上，大量的制瓷工匠将瓷窑与居住的房屋建在一起，相互靠近的瓷窑与住所既方便工作又利于日常的生活起居。烧制好的瓷器，搬运上船便可沿着蜿蜒的水路销往全国各地，乃至世界各地。

南宋末期，龙泉窑的发展进入黄金时代。这一时期，制瓷匠人烧出了釉色青绿、透着粉白的"粉青"瓷器，还窑烧出了如梅子一般青翠的"梅子青"瓷器，它们的出现说明龙泉窑的制瓷工艺水准已经达到了前所未有的高度。可以说，这两种颜色的青瓷代表着青瓷釉色的最高水准，具有独特的审美价值，它们像两朵莹润瑰丽的青瓷之花，点亮了中国的制瓷历史。南宋龙泉窑生产的瓷器中，有一些借鉴了古代青铜器皿的造型，它们厚重、古朴，十分精致。人们很难不被它们出众的外形、精湛的工艺所吸引。

作为制瓷行业的"垄断大户"，官窑烧制的瓷器品绝无仅有，民间窑坊难见其踪迹，但龙泉窑瓷器却深深受到官窑瓷器审美风格的影响。因此，瓷器考古学家虽然没有找到南宋在龙泉设立瓷窑机构的史料，不过根据遗留下来的龙泉青瓷推测，当时朝廷有可能派遣了相关人员管理瓷窑，并且很可能将精通制瓷的师傅带到龙泉，携领当地瓷匠进行贡品瓷器的制作。

青铜器兽面纹鬲

借鉴了兽面纹鬲造型的龙泉窑瓷器

一袭传统

中国是一个具有5000年历史的文明古国,拥有辽阔的疆土和勤劳、智慧的人民,孕育和创造了丰富多彩、琳琅满目的精湛艺术品。在古代早期的艺术品中,我们可以从造型和装饰上看到中华民族雄浑、凝重、古朴的气势,青瓷便是其中之一。

艺术风格反映古代文化和审美

青瓷艺术的风格,在很大程度上反映了中国古代的文化和审美观。青瓷鸟形杯便是科学和艺术结合的典型之一。匠人巧妙地将鸟的样子与杯形结合:鸟尾部和头部做成的杯柄,与杯口浑然一体;釉色青润、沉着,无论从工艺技术,还是从审美角度来看,都是一件精美的青瓷代表作。由此可以看出,早在汉代,制瓷技术和造型艺术就有了很高的发展。

细观每件青瓷器,都能看到不同时代的科学和艺术的发展水平。

青瓷鸟形杯

与制瓷相联系的民间风俗

龙泉制瓷业的长期发展,深深影响着生活在这片土地上的人们,许多独特的民间风俗也因此流传甚广。

生活在龙泉的制瓷匠人,将宋代创建龙泉窑的章生一、章生二兄弟视为瓷窑行业的祖师爷。龙泉本地瓷窑的窑头一般都要在屋里留出一定的空间,以便安上祖师爷、土地神、搬水灵童、运水神君的神位。不仅如此,一到农历初二、农历十六这两个特殊的祭祀吉日,制瓷工匠要在窑前设置香案,摆上酒食,祭祀先祖与神灵,还

南宋章生兄弟雕塑

要虔诚地磕头祷告，最后才一起分享祭品。祭祀祖师爷这一天被人们称为"过日"。

窑匠们在窑场用饭时要静默，不能言语、更不可大声喧哗，吃饭时，饭碗与筷条不可碰响饭桌，也不允许将筷条横架在饭碗之上。他们相信，只有避免对祖先的大不敬之举，确保行为足够恭敬才能够受到祖先庇佑。

传说每年的农历七月十八是哥窑祖师爷章生一创制出"窑变青瓷"（哥窑）的日子，所以这一天也叫作"祭窑日"。每年的这一天，窑匠们需要在自家瓷窑前设祭台祭拜，祭祀前沐浴，保持穿着

青瓷师祖雕像

得体。一切准备得当后，窑匠要站在贴有祖师爷的窑头下，放上特制的祭品，点燃祭祀的香烛，虔诚地跪拜、叩首，祈求祖师爷能够多加保佑自己窑烧出高质量的瓷器。

龙泉当地的制瓷人不光是在特殊节日祭祀先祖，在新瓷窑建立、入窑时，也需要举行祭祀活动。

虽然龙泉境内的瓷窑大多分布在水边、山上，但是并不是随意建立的，有着许多讲究。在建立瓷窑之前，需要请精通风水秘术的先生帮助选址，并且测算出吉祥的日子。在开工破土时，需要在选好的窑址上开设祭台，请求先祖与神灵保佑烧出好瓷。此时，小孩与孕妇都不能靠近祭台，甚至挑粪的村民经过也要绕得远远的，这样才不会惊动祖师爷与神灵，避免受到他们的怪罪，保证瓷窑发展顺顺利利。

在龙泉，不管是建什么类型的窑，在窑旁都要给"窑公"留出供位。开窑点火之前，祭祀"窑公"是不可或缺的活动，祭祀期间需准备酒菜等祭品，并聘请专业的法师主持，这样的祭祀活动被称为"做窑福"。

新瓷窑建成后，入窑之前需选择带有三、六、九的日期，并要祭祀祖师、山神、土地。在入窑的期间要讲寓意吉祥、吉利的话语，禁止携带肮脏的物品经过窑前，避免污邪之物影响到瓷窑的发展运势。

这些隆重的祭祀活动是龙泉当地约定俗成的风俗习惯，从古至今流传了下来。

传统制瓷工艺在发展的过程中融入了当地的风情民俗，同样也丰富了当地的种种习俗。这也体现了当地人对于制瓷的重视和瓷业对当地的影响。

如今，龙泉青瓷在传承的基础上，有了新的发展，如瓷器的颜色，除了传统的青色外，还增加了沉静的黑色釉、斑斓的虎斑色釉、独特的褐色釉等。作为我国瓷器中极具代表性的品类，龙泉青瓷不仅受到国家级别的嘉奖和礼赞，还走向了国际舞台。例如，七寸精嵌"哥窑"艺术挂盘被国务院定为国家级礼品；哥窑紫光盘、紫光瓶等51件珍品被中南海紫光阁收藏陈列，送展30多个国际博览会，为国家领导人出国访问提供礼品，被国际各大博物馆收藏。

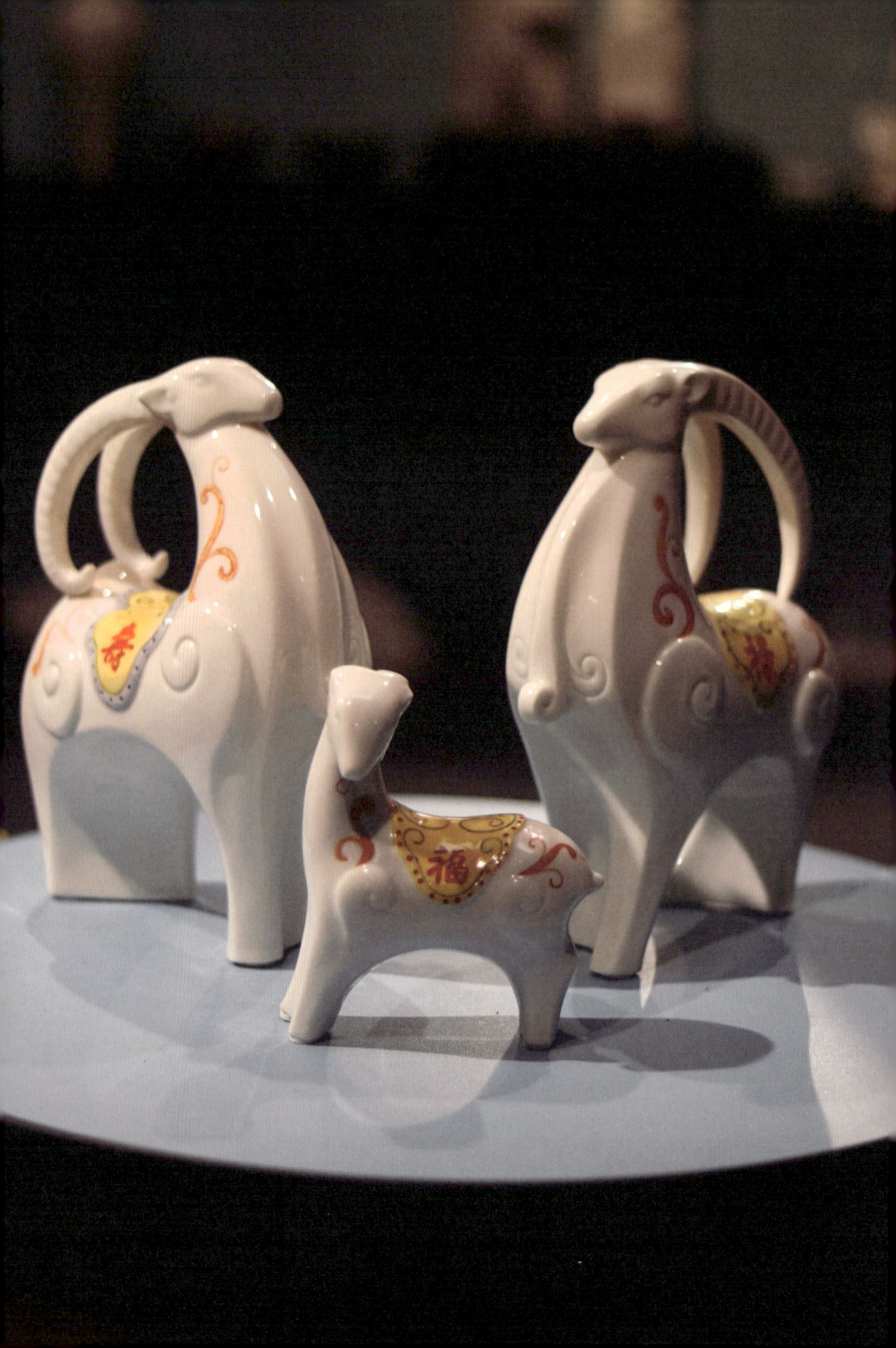
寿
福

白瓷
Baici

一件作品

当谈论白瓷时，不免要提到如今位于福建省德化县境内的德化窑。德化窑虽是民窑，但其口碑极好，尤其擅长白瓷的烧制。其中，出自明代的德化窑的白釉印花双螭耳三足炉，通体施乳白釉，莹润光亮。炉耳为两只小龙弓着身子，构思巧妙生动。

德化窑瓷器的特点

法国人用"中国白"来赞美明代德化窑生产的高质量白瓷，他

德化窑白釉印花双螭耳三足炉

们发自内心地认为，白瓷是中国瓷器的上佳之品。德化窑烧制的白瓷外观似晶莹的美玉，又似油脂一样雪白，质地坚硬密实，胎体与釉料完美地融合在一起，极具鲜明独特的艺术特点。

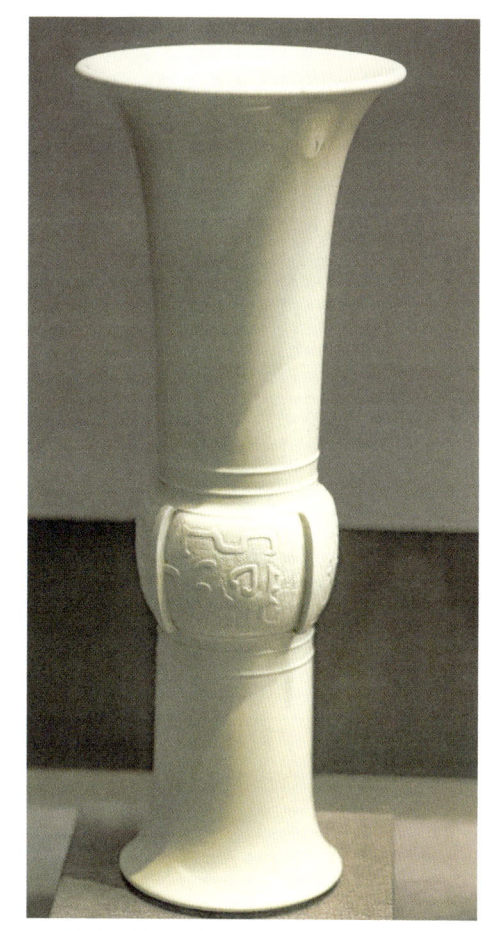

❀ 釉色洁白

德化白瓷的釉色有似象牙般的象牙白，有似葱段般的葱根白，似油脂般的猪油白，似婴儿脸蛋般白中透红的孩儿红等，它的白色不像其他白瓷那样泛着黄，因此被法国人统称为"中国白"。

❀ 质感凝脂似玉

德化白瓷的胎体十分细密，且有着极高的透明度，在雪白的釉色衬托下，成色如脂似玉，摸起来有玉石的温润感，有玉器般的质感，符合人们的审美。

釉质洁白的德化白瓷

❀ 造型丰富

德化窑生产的白瓷各式各样，一般分为陈设艺术瓷和日用细瓷两大类。日用细瓷包含仿青铜造型的爵杯、五瓣梅花杯、白瓷香炉、

似玉般的德化白瓷

白瓷瓶、白瓷壶等。相比于日用细瓷，德化窑的陈设艺术瓷更为出名。它有着细腻、完美的胎质，洁白、透亮的釉色，温润的触感，具备流畅的线条，人物身上的衣服褶皱也处理得恰到好处，给人一种轻盈缥缈之感。负有盛名的白瓷观音、达摩等人物塑像，胎体与釉色浑然天成，人像面部微表情刻画细腻，衣服的纹路清晰，透过整体造型，人们可以感受到人物的性格特点。

造型丰富的德化白瓷

❁ 用途广泛

德化白瓷的用途很广泛，例如，日用白瓷现在已渗透到人们日常生活的方方面面。德化窑烧制的白瓷茶具是德化陶瓷产业顺利转型的优质产品，有白瓷茶叶罐、白瓷茶盘、茶宠、烧水器、茶道等，白瓷在茶器行业覆盖面极广，这些白瓷茶具提升了人们在使用过程中的艺术品位，使整个茶具市场发展前景更为广阔。

德化白瓷金鱼茶具套装

一位有缘人

明代德化窑的制瓷工艺水平很高，在民间产生了极大的影响。与此同时，也涌现出了众多杰出的瓷塑专业人才，如福建的瓷塑家何朝宗，德化瑶台市的雕塑艺术家林朝景、瓷塑师张寿山等，他们的佳作流传至今。

如今，德化白瓷渗透到人民生活的各个角落。它之所以能够经久不衰并且能够与时俱进，是因为制瓷匠人们的传承和创新。

李锦峰出生于福建南安，毕业于全国创办较早、福建省规模最大的厦门工艺美术学院（原福建工艺美术学校）。当代著名雕塑艺术家、工艺美术大师、何朝宗瓷塑艺术优秀传统的忠实研究者与传承人王则坚与中国工艺美术大师卢思立是为李锦峰"传道授业"的恩师。

在老师的悉心教导下，李锦峰被白瓷这一材质和传统人物瓷雕作品深深吸引，他像一颗冉冉升起的瓷界新星，光芒不可忽视。他擅长仕女、传统佛像的创作。作品既沿袭了大师对艺术的唯美追求，又有自己的见解和领悟；既有民间成长瓷艺家的厚实淳朴，又有学院前沿风格的敏锐灵活。此外，他创办了自己的工作室——摸泥世家，并担任摸泥世家陶瓷艺术研

德化白瓷有缘人李锦峰

究所艺术总监。他有专注摸泥的真诚，又有世代传承的抱负。

《颜如玉》是李锦峰的代表作之一，创作灵感来源于李清照的词作《醉花阴·薄雾浓云愁永昼》，又融合了古诗文"书中自有颜如玉"的丰富寓意。他利用雕塑手法塑造出古代女子曼妙绰约的身姿，大量留白的书卷给人极大的想象空间。书的方形线条与女子柔美的曲线对比，形成动静张力的视觉冲击；人物的神情、动态、衣裙传达出东方女子的温柔娴雅、清淡秀媚、如诗如画。这副作品于2013年11月获得福建省第四届陶瓷艺术创新大赛的银奖。2017年6月，李锦峰的"颜如玉"系列作品《颜如玉——暗香盈袖》获中国设计原创奖"陶·品"陶瓷设计大赛的金奖。

家居摆件在李锦峰的手下也能创造出收藏级的产品。例如，《牛运亨通》采用了国风设计，雕刻的是传统的十二生肖——

颜如玉

牛运亨通

牛。牛身坚强壮实，线条精细流畅，一气呵成，充满了立体美感。整件作品用艺术之美致敬传统，精致的雕琢展现了创作者的文化底蕴和对传统文化的热爱。

此外，他还创作了一些茶壶、茶具等日常生活中常用的器物，精美中蕴含着细腻的设计巧思和文化韵味。这也体现出白瓷器具早已融入人们的生活中。

李锦峰的作品广受好评，并多次在国内相关展评活动中获奖，也曾受邀参加国内外展览，致力于推广宣传德化白瓷。2017年8月，李锦峰的作品《地藏》《水月观音》入选中国国家博物馆。同年9月，典雅的家居摆件《地藏》成功作为展品，前往第二届中法文化论坛法国里昂汇流博物馆参展。2019年9月，他的近50件作品参加《瓷韵观白——中国白·德化瓷青年艺术家联展》。2019年12月，《水月观音》《浩然正气》等多件作品亮相法国巴黎《德化瓷塑/中国白：传统与现代》艺术展。2020年5月，李锦峰个人展《瓷语·出入》在德化县博物馆举行，取得了不错的反响。

对瓷器的热爱，使李锦峰全身心投入其中，不断在为德化白瓷的发展和传播做着贡献。

地藏

一门手艺

德化白瓷享誉世界。究竟是什么样的独特之处让德化白瓷如此受欢迎呢？

✤ 讲究的泥土处理

在制瓷之前，制瓷的工匠需要选取适宜的泥土作为原料，这些泥土从地里挖掘出来后，会被堆垒成一个大土堆，放置于室外三四十年，不管是风吹雨打还是狂风暴雪，从不遮盖与翻动。

据说，这样处理的泥料质地比未处理的要醇厚、精炼，无论制成何种瓷器都适宜，只要涂上一定的釉料便可窑烧。因此，前人挖泥垒土，是为了后人储存瓷料罢了。这些经过处理的泥土制出的白瓷质地纯白、杂质少，通透亮泽，惹人喜爱。

✤ 繁多且精湛的装饰技艺

中国传统的装饰技艺分为刻花、镂空、印花等。在手工艺人的尝试与创新下，于器物上堆砌的堆花技艺、将花纸上的彩色图案粘贴到器物上的贴花技艺，与刻写诗文词句的雕刻技艺被广泛运用在陶瓷的装饰上。匠人在将装饰技法充分运用的同时，不施任何带有颜色的釉料，保留了德化白瓷鲜明的艺术特色。

❁ 装饰技艺一：刻花

刻花就是用竹签或篦笔等工具将瓷坯表面多余的泥土剔除，利用阴影效果刻绘出各种纹饰图案。常见的白瓷纹饰图案有威武的神龙、自得的仙鹤、笔直的青松翠竹、雍容华贵的牡丹等。

瓷胎上完釉料便可烧制，烧制成功后，白瓷会形成自然的釉下纹饰。纹饰常出现在瓷盘、瓷碟的内壁和底部，或是瓷杯、瓷炉、瓷尊等的外壁，它们有的纤细秀美，有的自由豪放，通过开拓的构图与轻快干练的手法，为白瓷增添了别致的美感。

除去上述列举的图案外，德化窑手工艺人还用铁刀或竹签在蘸好釉的器物上刻上草书、行书或篆书的美好诗句来作装饰。雪白如玉的德化瓷胎釉与变化万千的书法、陶瓷艺术相结合，打造出的瓷器美观大方、经典实用，极具特色。

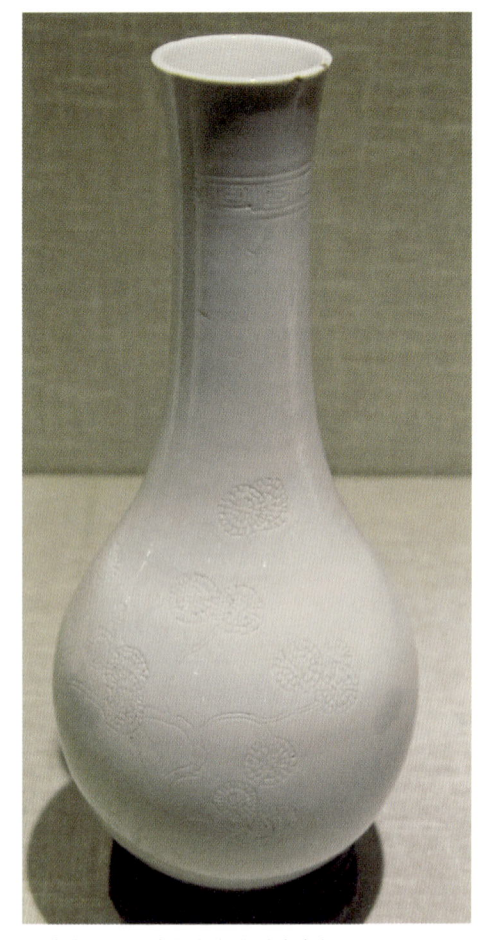

刻花作品——德化窑白釉刻花球瓶

装饰技艺二：镂空

镂空是一种独特的雕塑技法，先在器物上绘好图案，再用刀具雕刻成花纹。明代德化的制瓷工匠已经将其运用在白瓷花瓶、白瓷香炉、白瓷笔筒等产品的装饰上。如"马可·波罗"香熏，器盖中央以一朵团花为主题，镂雕伸展的花卉，口沿沿着相间的棱边分别竖立团花八朵。再如白瓷笔筒，筒身花卉相互交缠，花朵、枝干、叶子是实雕，其余部分作镂空处理，是当时象牙白瓷中的一类独特的工艺品。自清朝开始，镂空技艺就融入瓷器艺术品的创作当中，并沿用至今。

明代德化窑透雕牡丹纹笔筒

🌸 装饰技艺三：印花

印花是指将绘有纹饰图案的模具在瓷胎上印压的过程。但在这个过程中，印花需要一次性完成，脱模后，稍加修整黏合即成器物。如果纹饰图案与瓷胎的样式一致，手工艺人就可以将模型应用到同一类型瓷器的批量制作中，便可快速操作。

印花的纹饰图案品种繁多，可分为阳印、阴印两类，其中阳印纹饰数量居多。宋代流行将各种花卉、飞鸟鱼虫作为印花纹饰。元代在此基础上，将莲纹大量应用，并增添了如"福""寿""金玉"等富有吉祥寓意的文字或纹饰。

印花作品——福禄寿

花卉纹的白瓷

一方水土

德化是千年古县、千年瓷都。陶瓷制作始于新石器时代,在3700多年前的夏商时期,开始制作原始青瓷,德化是中国陶瓷文化的发祥地之一,与江西景德镇、广东潮州(一说为湖南醴陵)并称三大古瓷都。德化窑有着近千年的制瓷历史,是中国陶瓷制作史上灿烂光辉的一页。德化白瓷又被外国友人称为"中国白",它在世界陶瓷历史上留下了浓墨重彩的一笔,代表着极致的东方艺术,对于陶瓷发展史有着十分重要的影响。

世界瓷都——德化

◈ 瓷土丰富

　　德化窑是中国古代南方地区极负盛名的民窑，这座民窑位于福建省德化县境内的戴云山中心地带，因此被人们称为"德化窑"。德化窑之所以在戴云山中心地带建立，并生产大量高质瓷器，是因为此地得天独厚的瓷土资源。德化县常年受到亚热带季风性气候的影响，水源十分充足。戴云山土层分布着大量适合烧制瓷器的红壤、黄壤，它们的有机质含量较高，其中红壤的分布面积最广，矿产资源极其丰富，而在这其中，最为著名的便是瓷土和铁矿。于是，这里便成了烧制瓷器的理想之地。

德化风景

◈ 地理位置优越

德化县位于福建省的中心地带,靠近海上丝绸之路始发地——泉州港北部,是中国古代一处重要的瓷器生产、外销基地,这里的制瓷历史久远。

◈ 中外贸易频繁

明清时期，中外贸易频繁。郑和下西洋开辟了太平洋到印度洋的航线，这条航线不仅促进了东西方文化的交流，贸易往来也因此获得了巨大的推动。对外贸易中，瓷器成为炙手可热的商品。在海陆交通便利的情况下，瓷器在海外极为畅销，步入了崭新的发展阶段。从销售的数额与范围来看，都遥遥领先于宋元时期。

郑和下西洋主题的浮雕

明代生产的德化白瓷釉色晶莹润泽，瓷胎与釉料紧密完美地结合，看起来如脂玉般洁白，色调典雅大方，是中国白瓷当之无愧的代表作品。这类德化白瓷中，具有道教、佛教元素的白瓷人物雕塑，造型丰富逼真，风格雅致，散发着别样的艺术魅力。在世界范围内，它们受到诸多私人收藏爱好者的青睐，并被许多大型博物馆收藏。

目前，文物考古学家在德化境内发现了32处明代瓷器窑烧的遗址。20世纪

白瓷人物雕塑

初，由福建省考古研究所与市县文物部门牵头，对甲杯山窑址开展了挖掘保护工作。遗址内出土了大量器型各异的"中国白"瓷器与制瓷工具，这为后世研究明代制瓷历史、外销历史，以及明代德化白瓷的鉴赏、鉴定提供了重要的实物资料。明朝末期，德化窑开始了青花瓷、五彩瓷的烧制，明净素雅的青花瓷，与德化的其他瓷器搭乘上了前往海外的船只，销往世界各地。

在良好的国际环境、优越的地理位置、高超的制作工艺加持下，德化瓷迅速成为中国的一种外销瓷器，并且在随后的数百年时光里，久负盛名而不衰，享誉海外。可以说，德化窑的良好发展离不开海外贸易的影响，当然它也很好地适应了瓷器外销的经营模式，争取到了广阔的海内外市场。

德化青花瓷

一段历史

白釉瓷器在当下人们的生活中十分常见。如今很多瓷器依旧以纯净的白色为主，尽管中国有几千年的制瓷历史，但白釉瓷器烧造的难度仍旧不低。中国白釉瓷器经过千年时光的洗礼，由最初的青白釉发展成了卵白釉，也称枢府釉，后演化为甜白釉、象牙白釉、白釉。

白釉瓷器的烧制最远可追溯至东汉时期，但古时候的白釉瓷器是青白色，并非纯白色。原因是烧制瓷器的泥土中含有大量的铁元素，铁元素越少，瓷器越接近白色，制作白瓷的关键在于铁的提炼。可以说，白瓷是在青瓷的基础上研发出来的，铁元素的多寡决

卵白瓷

青白瓷

定了陶瓷的颜色，只有将含铁量控制在百分之一以下，才能成功烧制白瓷。

虽然南北朝时期有匠人烧制出了白瓷，但直到隋代，白瓷才算真正烧制成功。历经宋代、元代、明代、清代的发展，窑烧的白釉瓷器无论是外观还是质量，才接近白瓷。德化白瓷作为白瓷中著名的品种和瓷器中的标志性品种，代表着世界白瓷生产的最高水平。

德化瓷器的制作最早可以追溯至新石器时代，

五代时期的白瓷

白瓷 047

唐代白瓷

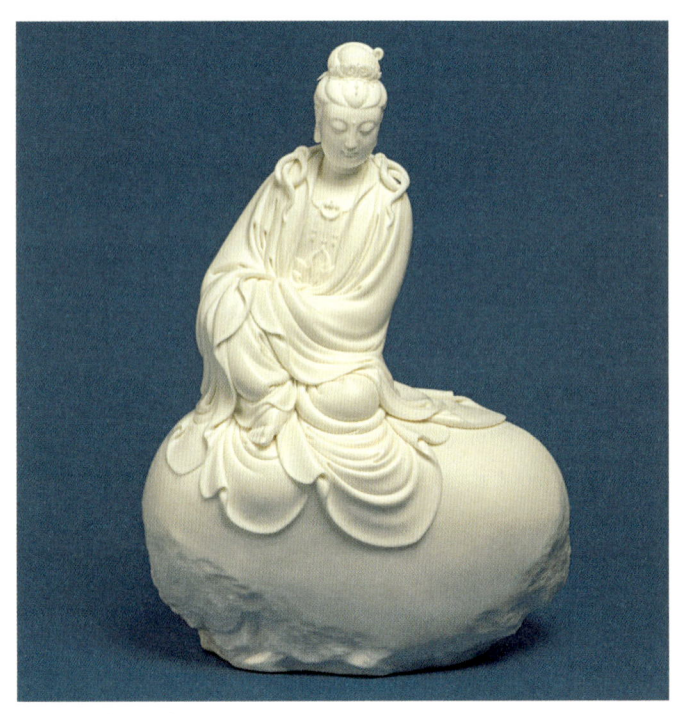

近代的白瓷观音像

在唐宋时期，德化瓷器得到良好发展，到了明清时期走向兴盛。它有着独特的制瓷工艺，经过无数匠人的传承，至今未断。德化瓷器自古便是中国重要的外贸商品，伴随着丝绸、茶叶一道享誉世界，对制瓷工艺的海外传播与国际文化交流有着卓越的贡献。元朝时期，德化瓷器征服了来自意大利的旅行家、商人——马可·波罗，马可·波罗面对琳琅满目的德化瓷器，爱不释手，并将德化瓷器带回意大利。明朝时期，郑和作为中外交流大使，曾多次下西洋，所带的珍品中便有产自福建的德化瓷器。

明代是德化窑陶瓷发展的顶峰时期。这个时期生产的德化瓷

马可·波罗雕像

器，整体造型、制瓷工艺、装饰技艺、成品质量、品种类型等都领先于宋元时期。明代德化窑烧制的白瓷材质特殊、工艺精湛，在海内外有着极高的名气。德化制瓷大师何朝宗在有机物含量极高的高岭土之上，结合捏、塑、雕、刻、刮、削、接、贴八种独特手法，烧制出了大批工艺卓绝的德化瓷器，由此形成与发展的瓷塑艺术，走向了从未踏及的新高度，它被誉为"东方艺术"，成为"天下共宝之"的珍品。

可以说，闻名世界的德化陶瓷中，明代盛产的白瓷最为出众，

明代白釉何朝宗款文昌帝君

有着广泛的受众及影响力。明代德化的制瓷工艺相当成熟，代表着德化烧制工艺的最高水平；无论是造型还是艺术造诣，都达到了空前绝后的高度，成为陶瓷世界的一朵艺术奇葩。

清代德化窑烧制的白瓷，相比于前代有一定的进步，不过大多是日用瓷器，如梅花杯、八仙杯、花瓶、文具，釉色白中透青。烧制象牙白瓷胎体的泥料氧化硅含量很高，氧化钾的含量达0.06%，经过窑烧后，玻璃成分高，胎质细密，略微透光。在阳光的渲染下，德化白瓷有的呈现出幽微的粉红色，有的呈现出乳白色，它们釉色晶莹、润泽，乳白如凝脂，十分明亮。

德化瓷花瓶

清朝末期，社会动荡导致德化瓷业的发展越发艰难，即便如此，仍有苏学金、许友义等制瓷手艺人坚守着这门古老的手艺，他们的作品被带到巴拿马、英国、日本等国际博览会参展，并获得了金奖的殊荣。中华人民共和国成立后，德化制瓷行业获得新生，后起之秀芸芸，他们承袭前辈遗留下的传统技法与创作风格，并不断与时俱进，促使德化制瓷工艺重新焕发生机。

一袭传统

德化白瓷不但是福建省德化县绝无仅有的特色产品，而且是中国国家地理标志产品。它们白度极佳，富有光泽，能承受一定的高温、高压，不容易磨损与被腐蚀，且釉色静润，胎体致密，透光度好。1993年，一位国家领导人曾赞美道："德化名瓷，瓷国明珠。"德化白瓷是德化县特有的文化名片，引领德化瓷器走向世界。

德化瓷器一路发展而来，走过了明代的繁盛，也走过了清代的低潮。所幸，在经历低潮后又渐渐生发出回春之势。近年来，德化白瓷在收藏界备受瞩目，不断创造着新的拍卖纪录。

如今，德化瓷的烧制技艺已被列入国家首批非物质文化遗产保护名录，德化瓷器也被四十多家海内外驰名的博物馆争相收藏，甚至畅销190多个国家、地区。

瓷料塑造人物是德化窑的一大特色。明清时期，一系列白瓷工艺品的出现，预示着德化制瓷工艺已经非常成熟。德化制瓷的手工艺人发现本地的泥土较软，有着极强的可塑性。因此，在制作日常生活所用的瓷器时，有意提升雕塑工艺，最后烧制了大批人物白瓷雕塑与佛教工艺品。这些造型独特、神态自然、鲜活灵动的人物瓷塑，把德化窑的制瓷工艺提升到了前所未有的高度。

德化白瓷和合二仙

　　德化白瓷雕塑的制作方法大概分为两类：一类是塑造人物，采用洁白细腻的高岭土直接捏塑成型，人物的主体部分多做中空处理。另一类是模制人物，制出模具后再注入泥浆或拓印成型，人物主体部分多为实体。

白瓷雕塑——麻姑献寿

　　烧制德化瓷的土壤性质优良，适宜烧制神圣的白衣观音。德化窑烧制的观音塑像，通体雪白，毫无瑕疵，触感温润似玉，完美贴合了白衣观音超凡脱俗的气质，展现了慈悲为怀的宏大气韵，给人的心灵带来力量，信赖和希望的感受油然而生，极易引发人们的崇敬与信仰。

　　精美的德化白瓷塑像在国外引起了人们强烈的关注与反响，一些信仰佛教的东亚国家，如日本对它们甚为喜爱。

　　日本学者上田恭辅曾客观地表示，德化的白瓷雕塑比玉器更为华美，陶瓷手工艺人的技艺精湛，制出的瓷器是中国前所未有的佳品。他还直言，就算是毫无陶瓷鉴赏知识的人，在看到德化瓷器后也会忍不住惊叹起来。英国古陶瓷研究家

明代德化窑白釉佛像

唐纳利曾认为："单看'中国白'瓷器本身的内在美就足够了，而不必进一步看它的声望。依靠它的特色，'中国白'在瓷器当中是出类拔萃的，而且往往是无可比拟的。"

德化窑制瓷工艺卓绝，烧制的白瓷有着丰富的艺术造型，清新雅致的风格特点，使人们爱惜不已，也体现了匠人们的良苦用心。德化白瓷在民间也是倍受欢迎的。这些由德化产出的白瓷搭乘去往海外的船只，销往东亚地区和欧洲国家，它们代表了中国瓷器的顶尖水平，对德化当地也同样产生了极大的影响。

德化窑的白瓷在中国陶瓷历史上绽放出了独特的艺术之光。

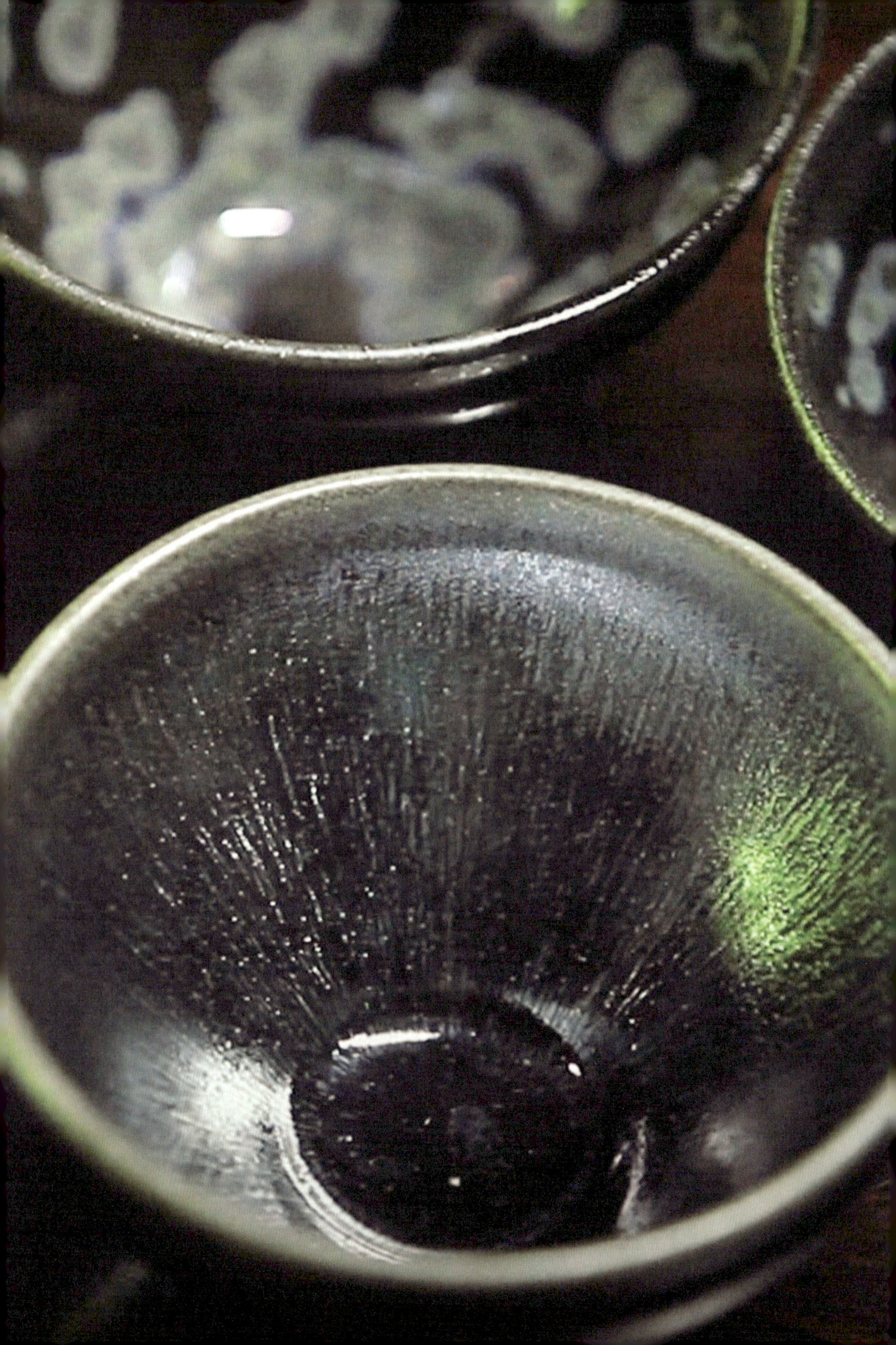

黑 瓷
Heici

一件作品

黑瓷也称天目瓷，制作工艺在制瓷历史上算是一项相对古老的工艺。它的釉色是民间常用器皿中比较常见的釉色之一，是瓷体表面施黑色高温釉的瓷器。

建窑黑釉盏，比饭碗小，比酒杯大，这也是黑釉茶盏中的一种基本器型。图中这件黑釉盏胎体厚重、釉色漆黑，体现出建盏造型浑厚的特点，非常适合斗茶。

黑瓷的前身为青瓷，它的制作工艺从青瓷中衍生，两者使用的皆是包含有机物及氧化铁的釉料，但这两种釉料中的氧化铁含量不同，黑色瓷釉料中的氧化铁含量要高于青瓷，含量在5%以上。

从科学角度来看，黑釉釉料中较多的氧化铁在烧制过程中被

黑釉盏

还原成低价态而呈现出黑色。烧制瓷器的火窑在一定的温度下焙烧时，瓷胎表层釉料中的铁分子发生聚合反应，瓷胎经过低温冷却后，会在光泽的黑釉面上留下晶体似的纹路，这些包含特殊纹路的釉料也被称为结晶釉。

建窑建盏的特点和用途

造型浑厚不失灵秀

说到黑瓷，常常要提到"建窑"。被誉为"瓷坛明珠"的建盏就是中国八大名窑之一的建窑出产的。宋代专烧黑釉茶盏的窑址在今福建省南平市建阳区水吉镇，由于黑釉茶盏当时称"建盏"，故称此窑为"建窑"。建窑品种比较单一，几乎全是饮茶用的碗盏类。建盏虽有大小不同的若干规格，但胎重釉厚，构成了建盏造型浑厚的特点，而多变的造型线和较薄的口部，又不失南方瓷器的灵秀。

宋代黑釉瓷茶盏

碗盏居多

建窑生产的瓷器，数量最多的是碗盏。它们的碗口稍大，碗底窄小，形状似实用性极强的漏斗一般。虽然碗盏按照敞口与合口的差异分为两大类型，但是敞口碗盏数量相对多一些。碗盏的足圈较浅，有着玉器一样的色泽，上面雕刻有螺旋的纹路。有些碗盏的足圈上还雕刻了特殊的铭文，如"进琖"，这是它们作为朝廷御用品的荣耀印记。

釉料独特，斑纹美丽

建盏的釉料独特，在烧制过程中能产生不同的筋脉和色彩，按釉色和斑纹特点可分为若干品种，其中的兔毫釉、油滴釉、曜变釉皆以美丽的结晶斑纹著称，是建窑黑瓷中的珍品。这些瓷器的釉面十分莹润，纹路精致华美，具有浓厚的东方审美韵味。

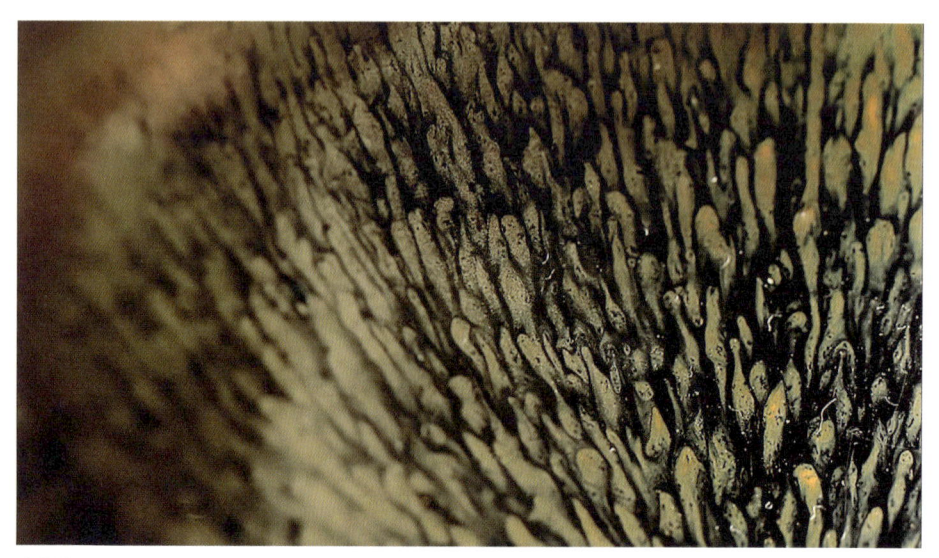

建盏纹理

油滴、兔毫和曜变天目均属铁系结晶釉，是中国传统黑釉陶瓷中的名贵品种。

油滴釉的特征是黑釉上有赤铁矿和磁铁矿小型晶体形成的斑点，闪出金色或银色的光芒，由于其斑点在釉上分布似油滴飞溅，因而得名。油滴釉对烧制温度的要求较严格，必须恰到好处，温度低了出不来结晶点，温度高了晶点又会散开。

油滴盏

兔毫盏的烧成温度较油滴盏的高。在高于油滴盏的烧成温度下，形成油滴的铁结晶和釉都会向下流动，由于流速不同，会在黑釉中形成美丽的褐黄、蓝绿、灰白、淡棕或铁锈色的细长流纹，状如兔毫。

中国古人对兔毫盏颇多赞誉，宋徽宗赵佶所著的《茶论》中曾评价兔毫盏："盏色贵青黑，玉毫条达者为上。"意思是，宋人斗茶，茶汤尚白色，所以喜欢用青黑色茶杯，以相互衬托，其中尤其看重黑釉上有细密的白色斑纹，古人称为"兔毫斑"。赵佶在《宫词 其七十四》中也写道："兔毫连盏烹云液，能解红颜入醉乡。"苏东坡在《送南屏谦师》写道："道人晓出南屏山，来试点茶三昧手。忽惊午盏兔毛斑，打作春瓮鹅儿酒。"宋朝理学家、文学家杨万里在《以六一泉煮双井茶》中也夸赞道："鹰爪新茶蟹眼汤，松风鸣雪兔毫霜。"

建窑黑釉兔毫盏

　　曜变天目盏因其异常美丽和难以制作而成为最珍贵的铁系结晶釉品种。它的釉面色彩奇特，如墨汁一般的黑色釉面上，点缀着深蓝色的小圆点，这些小圆点的旁边还呈现出微红、微绿的色彩，看起来极为瑰丽。"曜变"一词不是出自中国古籍，而是在1511年日本古籍《君台观左右账记》中明确记载了建窑曜变盏，并称之为世之至宝。现传世的曜变建盏海内外仅见三件，全部在日本，被日本政府定为国宝。作为天目釉中最珍贵的品种，曜变天目的烧成带有极大的偶然性。

　　上述这些名贵茶盏工艺高超，烧制技术娴熟，黑釉上出现的各种结晶形成自然的装饰，斑纹美妙，变幻莫测。宋代制瓷匠人们运用他们的智慧和经验，以高超的技艺，烧造出瓷器的变幻之美，令人赞叹。

日本人制作的曜变天目盏

黑瓷

一位有缘人

蔡炳龙是福建省南平市建阳区水吉镇人,父亲是一位陶瓷手艺人,在家庭制瓷氛围与水吉镇建盏文化的影响下,16岁开始学习陶瓷制作技艺,陶瓷世家传承人蔡和隆便是他的授艺之师。他在2010年8月被评定为福建省第二批非物质文化遗产保护项目"建窑建盏制作技艺"代表性传承人,2017年被评为第二届福建省陶瓷艺术大师。

因受人之托,也出于个人好奇,蔡炳龙在烧了近十年的日用陶瓷之后,开始探索一个全新领域——尝试烧制建盏。最开始他并不上心,直到一位日本客商的来访,让他重新认识了建盏。历经三十多年的技艺雕琢,成就了蔡炳龙的一身手艺,也成就了他仿宋名作的高度,但他对建盏的传承发展所做的最大贡献在于技艺的创新。他独立研发出鹧鸪斑、珍珠斑、兔毫毛、油滴、铁锈斑、曜变斑的制作工艺,还完成了气窑、电窑、龙窑烧制建盏技艺,让古时就声名远扬的建盏获得新生。

铁锈斑瓷盏

蔡炳龙不断冲破建盏器型与斑纹创作的限制，木叶盏的研发便是他在建盏瓷器创作中的新突破。木叶盏以天然轻薄的植物叶片为装饰，在黑色釉底的映衬下，叶茎和叶脉清晰可见，呈现出神秘瑰丽的纹路。这种木叶盏在建阳建盏中鲜为人见，蔡炳龙对它产生了浓厚的兴趣，并研读了大量的古籍。但是，如何在烧制建盏时，让叶片与建盏融为一体，而不会被高温所吞噬并保持叶脉清晰，成为一道难以逾越的关卡。

木叶盏

三年来，蔡炳龙几乎将全部心力都耗在了木叶盏的研制上，皇天不负有心人，他终于获得了成功。他摸索出来的烧制方法，一次性便能制出纹路精美的木叶盏，这也成了他独特的一门制瓷技艺。他研制的曜变木叶盏，通过嵌釉的方法进行烧制，建盏内的树叶在火窑的高温作用下会变化出淡黄、黄、红、褐等颜色，宛如秋天树叶在不同时期产生的各种丰富色泽，有些叶片带着美玉般的质感。

优秀的作品一定会得到时间的嘉奖，蔡炳龙的作品在2015年斩获了颇多奖项。

2015年1月18日，作品《银油滴大盏》在福建省建窑建盏上海协会举办的首届上海虹桥古玩城展示会上，荣获创新奖银奖。同年5月1日，作品《满天星盏》参加2015年中国工艺美术"百花奖"的大赛评选，摘取优秀奖；5月28日，作品《青兔毫盏》获第八届福建省工艺美术精品"争艳杯"大赛优秀奖；10月，作品《蓝油滴大盏》获得南平市建阳区首届建窑建盏工艺作品大赛银奖；11月，作品《七彩曜变盏》荣获第八届海峡两岸（厦门）文化产业博览交易会"中华工艺精品奖"评比最佳传承奖。这是收获的一年，也饱含着蔡炳龙的汗水和坚持。

一门手艺

在黑瓷的制作过程中，对烧制技术的考验很大。窑炉温度易变，釉汁易粘连，制作出一件上等的黑釉瓷难度颇大。

制作建窑建盏时，一般都用正烧，因建窑黑釉普遍釉汁肥厚，为避免在烧制过程中底部发生粘连，瓷器的外壁多施半釉，并且口沿釉层较薄，瓷器内底部聚釉较厚。

建盏的制作工艺流程繁杂，总共包含十三道制作工序。建窑建盏采用的是纯手拉坯塑型的方法，瓷匠将泥做成器坯前，要成竹在胸，一气呵成，要灵活运用推、拉、收、放等手法，在准确适度的内外两个力的调和中，找到器壁最佳形式成型。具体操作步骤如下：

一是选料。烧制建盏的土壤、釉料中都含有大量的金属元素铁，这是各地其他瓷窑没有办法得到的天然制盏原料。

制瓷原料

二是碎土。瓷匠调配好建盏的泥土、釉料后，便可装入木石做成的捣料器具——碓中，通过外力的作用将原料均匀地捣碎。

三是淘滤。捣碎的泥料颗粒大小不一，但是烧制瓷器对原料的粗细、大小要求较高。因此，泥料通过工具筛过一轮后会被倒入水池，釉料的处理同上，不过倒入不同的水池。

四是陈腐。陈腐是制瓷业内的行话，实际上就是把泥料放在封闭的室内，进行阴干处理，尘封一段时日。

五是揉炼泥料。这道工序可以将泥料中多余的杂质与空气去除，让泥料更加细腻、紧实，具有一定的延展性，便于瓷器的塑形，避免瓷胎在制作的过程中产生裂痕。

六是制坯。制坯工艺可分为手工拉坯和机械模具压坯。

制坯过程

七是修坯。此处制瓷工匠修的泥坯是建盏瓷器的内外和圈足，需要注意的是，它们的圈足是低浅形的，不能修得太深。

八是素烧。素烧的"素"是未上釉的意思。此道工序需要把没有涂上釉料的瓷胎在火中低温烧制一会儿，这样瓷胎的坚韧程度更好，同时也能检验它是否合格，一些质量不济的胎体在这一过程中会损毁。

九是配釉。天然的铁矿石和常见的草木灰是调配制瓷釉药的两大关键原料。将它们打碎、研磨成粉，按照一定比例调制均匀，涂抹在瓷胎上便可烧制出精美的瓷器。

十是上釉。建盏制瓷工艺的独到之处，体现在釉料的涂抹上。这里的制瓷工匠在瓷胎上涂抹釉料时，只涂一半，甚至还专门在瓷胎表面绘上线条标记涂抹釉料的范围；涂抹釉料时手法要稳，注意釉料的厚度，釉料轻薄不利于结晶釉的形成，过厚则极易粘底影响成品外观。

上釉

十一是装窑。指的是将瓷胎安放至窑炉的过程，如果是用电窑烧的窑炉，放入瓷胎时还要涂抹特殊药粉，避免瓷器烧制时粘到窑内。如果是用柴烧的龙窑，瓷胎需要整齐分放在匣子里，再置入窑中烧制。

十二是焙烧。宋朝时期，建窑的制瓷匠人会在龙窑里烧制瓷器，龙窑使用的燃料是木柴。现代工艺师多以电窑烧盏，烧制时需保持高温与良好的还原气氛，大部分电窑焙烧瓷器时，温度会影响到胎釉的氧化还原反应，因此需要人工投掷木柴。建盏瓷器之所以如此精美，是因为制瓷匠人精通瓷胎的焙烧，没有娴熟的技艺与经验，烧制不出理想的釉色。

十三是出窑。完成窑烧后的瓷器，也会有质量欠缺的，这些残次品不能离开窑厂，需要就地销毁。

由于结晶釉在窑炉高温中易变，难以控制，加上氧化铁含量高的坯体难以承受高温变化，焙烧出一件釉色斑斓的建盏是极为不易之事。即使运用现代科技手段所产出的建盏，成品概率也较低，市面上优秀的建盏也很少。

出窑

一方水土

　　建窑位于福建南平市建阳区水吉镇，地处武夷山脉之南，因为盛产黑釉茶盏而著称于世，又名"乌泥窑"。建窑始于五代，盛于两宋，衰于元代末期。

　　根据专家考证，建窑遗址是宋朝时期福建一带极负盛名的瓷窑厂，此窑厂烧制的黑色茶盏最为出名。这里分布着多处瓷窑，有位于水吉镇的芦花坪瓷窑、庵尾山的牛皮仑瓷窑、大路后山的瓷窑等，这座规模巨大的遗址总面积大概有12万平方米。晚唐至五代时期，建窑便开始烧制精美的瓷器，通过多个朝代的发展，至清朝时，建窑烧制瓷器的历史已有上千年。

宋代古建窑遗址

北宋后期，建窑曾为宫廷烧制御用茶碗。那么，建窑所做的茶盏为何会受到皇室的欢迎呢？

❀ 瓷土独特，含铁质较多

要做出精美的建盏，原材料的选取是非常有讲究的。建盏的制作过程中，对瓷土的筛选很严格。而闽北在土壤方面有着非常丰富的资源，这里的红、黄壤土中的铁质较多，用这样的土壤粉碎加工后烧制而成的黑釉瓷，不仅色彩上达到要求，还会形成独特艳丽的斑纹。

❀ 斗茶的盛行

宋代人特别爱喝茶，他们的喝茶方式被称为点茶。点茶就是把茶叶碾碎调成膏，然后取适量茶膏放在茶盏中注入沸水，这有点像沏茶，但宋人是连茶带水一起喝。宋代盛行斗茶，斗茶时，茶水上会沏出白沫儿，白沫儿先散的为输，后散的为赢。据记载，宋徽宗每年都会从进贡的建盏中挑得一两件，用以其所爱好的斗茶。所以，建窑中的建盏有一部分是贡品。

宋代点茶场景还原

海上丝绸之路的发展

南宋时期，统治者鼓励贸易往来。随着海上贸易的兴起，海上丝绸之路从泉州港出发，建盏也借着海路和海上贸易的兴起之势，大量出口到世界各地。建窑的黑釉茶盏深受世界各国的欢迎，尤其是得到了日本人民的喜爱。

泉州港

一段历史

宋代黑釉瓷器分为南北二系，北方属磁州窑系，南方以建窑为主并包括吉州窑。南北黑瓷各有特色。

建窑以产黑瓷而著称。唐代始创烧，到了宋代尤其是南宋，步入极盛时期，至清代而终。建窑是一种民营性质的瓷窑。北宋末期，"斗茶"之风盛行，瓷窑研烧了专门提供给宫廷使用的黑盏茶具，这些茶具的底部都镌刻上了"供御""进琖"等铭文，以表示其特殊性。它们的瓷胎较厚且紧实，还十分坚硬，有的展现出浅黑釉色，有的则是紫黑釉色，瓷器的大多数造型为碗、盏。

宋代是建窑的发展时期，以烧黑釉器而著称，盛产如兔纹一般的兔毫斑，如鹧鸪鸟羽纹的鹧鸪斑、灰黑的曜变等釉色瓷器，它们大多数都是作为茶盏使用。建窑烧制的黑釉瓷器是结晶釉的一种样

宋代建窑进琖款茶盏

式，釉料中的铁元素含量高于0.08%，在1300多摄氏度的高温熔烧过程中，窑温的变化，使釉面产生奇特的花纹。

其中一种叫作"鹧鸪斑"的结晶斑纹，就是通过不同的瓷土配比，增加含铁量和挂釉次数，从而达到鹧鸪羽毛的效果。在这种建盏的制作中，首先要选用含铁量较高的两种不同的紫金土来配制黑釉，配制完成的釉料含铁量在0.06%~0.08%，其色泽如黑墨，然后在未经烧制的裸瓷胎上两次涂刷釉料，窑烧的温度较其他结晶釉瓷器稍低。在大量铁元素的影响下，焙烧完成的瓷器表面会呈现出如鹧鸪鸟翅膀上的羽毛一般的绚烂花纹，因为酷似这种鸟的羽斑，因此人们将它称为"鹧鸪斑"。带有鹧鸪斑的茶盏深受饮茶人士的青睐，它们常出现在"斗茶"的热闹场景里。

鹧鸪

鹧鸪斑盏

在建窑黑釉盏盛名的影响下，各地的仿烧者甚多，南至福建省的福清市，北至江西境内武夷山山麓北面有几十座瓷窑，此外，川、晋、陕、冀、豫等地区皆有仿烧的瓷窑，它们以建窑为中心进行瓷器的烧制。因此，陶瓷学家将其称为建窑系。

一袭传统

中国饮茶文化上千年，历史悠久。饮茶之风在唐代、宋代都很兴盛，它与黑釉茶具的大量生产关系密切。

唐代，社会经济蓬勃发展，茶叶作为经济作物，不仅在中国本土大量流通，还行销海外；与此同时，它还成为人们生活里的必需品，在社会上兴起了一股饮茶之风，茶铺遍布大街小巷。人们饮茶

唐代仕女饮茶图

唐代茶具

使用的多是青釉色、白釉色的瓷盏。

宋代，上至统治阶级，下到臣民，人人皆好饮茶，"斗茶"成了全民参与的风雅活动。文学修养极高的宋徽宗赵佶常常私下与臣子"斗茶"，普通士大夫、文人骚客也喜欢"斗茶"，民间老百姓受到他们的感染，就算不会斗茶也会争相围观，感受它的热闹氛围。通过"斗茶"，还可以起到对茶叶进行鉴定与鉴赏的作用。

为了更好"斗茶"，宋人制定了斗茶的标准，还大量生产满足"斗茶"需要的建窑黑釉茶盏。

一目了然的茶色便是"斗茶"的标准之一。

宋代人们流行饮用碾茶。碾茶需要将膏状的茶饼放入茶磨中碾压，磨成细细的粉末。斗茶时，参与斗茶的人需要将茶粉放入茶盏之中，接着将沸水注入其中，通过观察茶水的颜色进行品鉴。精通茶学的蔡襄在《茶录》一书中谈到了建安茶色的鉴定标准。那时人们认为，高质量茶叶泡制的茶水颜色为纯白色。如果茶色呈现青白，或是泛起黄白色，抑或呈现灰色、红色，都是品质上稍有欠缺的

宋代茶具

宋代流行茶百戏

茶叶。

此外，茶汤表面漂浮的茶沫也是"斗茶"的标准。茶沫的鉴定标准与茶色一致，都是通过观察颜色进行品鉴。不同的是，茶沫的观察有时效性。当茶沫泛起后，越早消逝，并露出茶水痕迹者，茶叶属于下品；而茶沫保持越久，露出茶水痕迹越晚者，茶叶属于上品；茶沫持久并牢牢附着在茶盏边沿者，茶叶则属于难得一见的佳品。

此时，唐代流行的青白釉碗盏，已经无法满足宋代人们的需要，他们需要的是能够有效观察茶色、茶沫的茶盏。而建窑生产的黑釉盏刚好满足了"斗茶"的需要。它釉色极黑，利于反衬茶色、茶沫的色泽，使茶汤水痕尽显，还能较好地储存茶香,使茶水不易凉透;它的造型出众,斑纹瑰丽,为"斗茶"增添了美感与情趣。因为以上优点,建盏黑釉茶盏成为备受人们追捧的茶具。

宋徽宗在《大观茶论》、书法家蔡襄在《茶录》里面都明确表示,建盏是最适合斗茶的茶器。无论是高高在上的皇室贵族,还是处在社会底层的普通老百姓,都将建盏看作宝物,诸多诗人、文学家更是毫不吝啬自己的创作才华为它写诗造词,如梅尧臣、苏轼、赵佶等。就连大洋彼岸的日本贵族,也十分喜爱建盏,他们受到中国饮茶之风的影响,将建盏视为无价之宝。

人们对于建盏的需求,促使各地窑场争相仿造,除福建外,浙江、广东等省也有许多瓷窑烧造黑盏,各处瓷窑汇聚在一起形成了庞大的建窑系,实现了建窑黑釉茶盏的大批量生产。

可惜的是,明朝初年,市面上开始以售卖散茶为主,膏状的饼茶逐渐被取代,人们不再费心碾茶泡茶,而是直接用沸水冲饮散茶。"斗茶"之风也逐渐衰退,风靡一时的建窑茶盏,也慢慢被人遗忘在了历史的长河之中。

宋代点茶场景——刘松年撵茶图

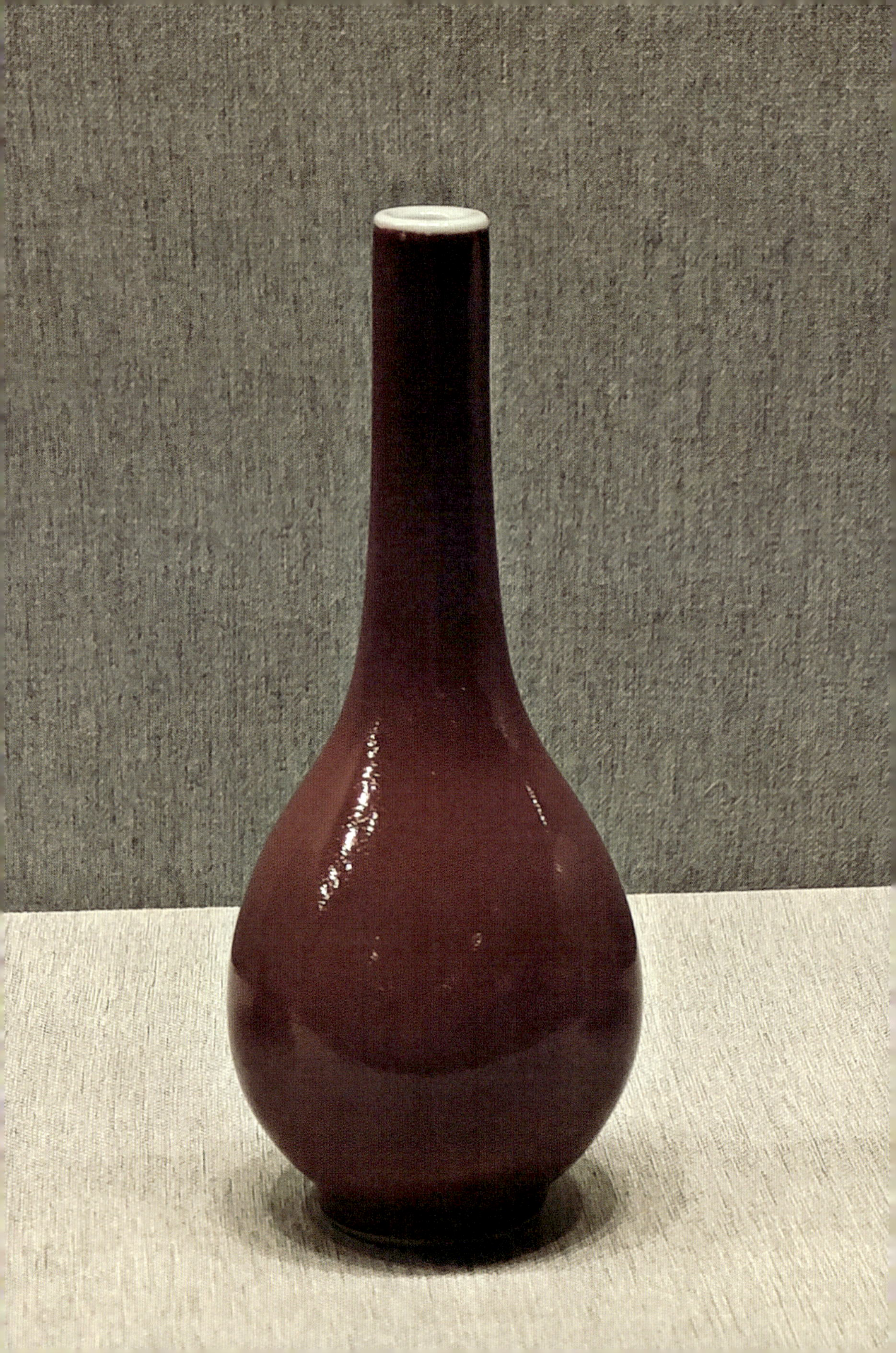

红釉瓷
Hongyouci

一件作品

红釉瓷在中国古代一直都是极其名贵的瓷器，被誉为"千窑一宝"。因其色彩特殊，烧制不易，红釉瓷是当时难得的瓷器，再加上红色在中国传统文化中一直被视为贵色，代表着吉祥、喜庆，所以在当时深受权贵们的喜爱。

图中这件钧红釉天球瓶，长颈，丰肩，球形腹，下承浅圈足，通体施钧红釉，口沿一周釉薄呈米色，具灯草口效果。所敷施釉色厚润犹如凝脂，宝光内蕴。整器入手敦厚，丰满坚挺，颇富张力，不论细部处理，还是整体把握，均增益有度，恰到好处。

红釉瓷的出现，可追溯到北宋时期的钧窑。当时的人在高温下创造了一种强烈的还原条件，使作为呈色剂的铜呈现出红色，这就是举世闻名的"钧红"。"洪炉幅透原泥身，釉色斑斓数宝钧。极品信从窑变得，成功一件价无伦。"明代诗人李铎在《咏钧瓷》写道："洪炉幅透原泥身，釉色斑斓数宝钧。极品信从窑变得，成功一件价无伦。"处处表现着对钧窑瓷器的赞美和价值的肯定。

钧红釉天球瓶

钧窑红釉瓷的特点

色泽浑厚，釉质晶莹

红釉本身就有一种喜庆、热烈的华美，而钧窑的红釉滋润均匀，华美却不落俗气。它的红色是浑厚的、沉着的，既不会像洋红那样生涩，也不似大红那般妖艳，深沉而又不失变化，给人一种典雅的大气和庄重。

钧红，虽属于红釉范畴，但通体都呈红色的比较少见，其色调往往红中带紫，而不是纯正的红色。这种釉是在青色的釉面上杂以其他颜色，这主要和原料中氧化铁和氧化铜的成分以及烧制温度相关。红色、紫红色，或深、或浅、或呈斑块状，或呈放射状，与青色釉面融合。有的器物在高温烧制的过程中釉料会向下流淌，但一般不会"脱口"。因其色调，故又称"玫瑰紫釉"或"海棠红釉"。

钧窑玫瑰紫釉花盆

红釉瓷

❀ 釉色绚丽

钧窑红釉瓷的釉面并不是单一的纯色，而是红里透紫，紫里藏青，青中寓白，白中泛红，五彩釉色，交相辉映，构成了如彩霞、似火焰的美感。曾有人就用"夕阳紫翠忽成岚"这样的诗句来形容它变幻莫测的美。

❀ 独特的纹路

钧窑红釉瓷在高温烧制的过程中会留存下一些微有流淌的痕迹，釉面也会有一些细小裂纹，有些瓷釉表面有蚯蚓走泥纹，这是钧瓷的一种典型特征。除了蚯蚓走泥纹，还有冰裂纹、菟丝纹、鱼子纹等，自然天成。

钧瓷表面的独特纹路

钧瓷开片"看似锤击,摸则无痕"。钧瓷的表面常有肉眼可见的裂痕,看起来像是用锤子击碎而产生的裂纹一般,当你用手去触摸,瓷体表面仍是非常的光滑。最令人惊奇的是,钧瓷有长达80年的开片期。在夜深人静的时候,仿佛可以听到瓷器"咔啪咔啪"的开片声,声音清脆悦耳。

钧瓷自然窑变釉色纹开片裂纹

钧瓷所蕴含的独特风格,体现着中国陶瓷的发展变化和杰出成就,在世界陶瓷发展史上也是独树一帜,极具代表性。至今,当地民间还流传着"钧和玉比,钧比玉美""黄金有价钧无价""纵有家产万贯,不如钧瓷一片"的说法。

在宋代,钧瓷多以器皿类的造型出现,大致可分为三类作品。居于首位的是养花用的花盆类,如花盆、花托等;其次是文房用品类,如洗、盆等;最后是用来审美、寓意权贵或祭祖用的瓶、尊、炉、鼎等,这三类作品在当时已经从简单的日用品类上升到精神需要,也表明钧瓷的功能是有审美需要的,突出了一种"雅"的品位。

钧瓷造型以器皿类为主

红釉瓷 085

一位有缘人

晋佩章生于1926年9月，是河南省禹州市火龙镇晋村人。他被钧瓷界推崇为"当代钧艺泰斗"，是首届中国陶瓷艺术大师、工艺美术终身成就奖获得者、美国国家艺术研究院终身荣誉院士、河南文史馆馆员。

晋佩章称自己被钧瓷"神秘而诱人"的感觉所吸引，从部队转业后回到禹州后，就完全投入到研究钧瓷中去。他于1988年创办"刘山窑艺实验室"，专门从事北方名窑的研究和名瓷的仿制工作。他的作品古朴典雅，窑变美妙，被北京故宫博物院、中国国家博物馆、中国收藏家协会、中央文史研究馆等机构收藏陈列，还曾参加在美国纽约东西方艺术家交流协会举办的艺术展。

晋佩章对古代钧窑有着深入的研究，在潜心钻研、率先完成宋早期不同蓝色乳光釉的研究与仿制的同时，也将钧瓷的起源向前推进了200多年。吉鸟翔集、红玉飘香的凤耳琵琶瓶，"春城无处不飞花"的直筒花瓶……一件件精美的钧瓷就是一幅幅流光溢彩的画、一个个动人的故事。它们，都出自这位老先生之手。

禹州钧瓷——葵花尊

红釉瓷

"过去钧瓷界是'人在艺在，人亡艺绝'，是'言传身教于自己人'"。但晋佩章觉得人来源于社会，也该回报社会。在这样的思想境界中，晋佩章对他人的求教知无不言，甚至将自己花费巨大心血收集整理、研制的钧釉配方公开，希望能鼓励钧瓷艺人继续钻研，促进钧瓷的长远发展。

除了研制作品，晋佩章还将自己对钧瓷的研究和仿制凝于笔端，呈现于纸上，留下许多关于钧瓷的专著，并在国内外报刊上发表钧瓷相关的论文20余篇。他出版的钧瓷专著有《中国钧瓷艺术》《中国钧窑探源》《中国钧窑釉彩》《钧瓷史话》《话说钧窑》等。

在晋佩章看来，钧瓷一直很"实用"，只是由于钧瓷相对来说价格高昂，才被收藏者摆到了仅供观赏的博古架上。他曾经在接受采访时表示，由于钧瓷的制作水平参差不齐，而钧瓷艺人大部分又各自为政，使钧瓷市场较为混乱。他表示，钧瓷艺术要创造自己的名牌，必须要在市场中树立信誉。

心系钧瓷发展，晋佩章的一生都在坚持钧瓷研究。即使是获得"最高终身成就奖"时，他仍觉得自己在钧瓷研究领域欠火候，并希望自己能把钧瓷艺术再向前推进一步。

晋佩章在钧瓷的传承、发展与创新中发挥了承前启后的历史性作用，被誉为"钧瓷泰斗""钧瓷名片""中国现当代钧瓷文史、艺术与科学集大成者"等。

被收藏的钧瓷——观音瓶

红釉瓷

一门手艺

钧瓷是如何制作出红釉瓷的呢？要想呈色，就要选好原料。原料中的呈色物质满足条件，再加上高温烧制，釉色就会呈现出来。

中国自夏代中期开始，就已经打造和使用铜器了。到了宋代，金属铜和铜的氧化物已被应用于陶瓷工业。使用铜作为呈色剂烧制陶器，最早可以上溯到公元2世纪的东汉时期。

铜在东汉时期就作为呈色剂应用于烧制陶器，为什么到宋代才出现红釉色呢？奥秘就是烧制。宋代以前用铜作呈色剂烧制的器物，其釉色恰好是红色的补色——绿色。绿色釉是铜作为呈色剂在氧化条件下形成的。唐代四川邛窑和湖南长沙铜官窑的工匠就巧妙

邛窑绿釉五足香炉

地把铜制成彩料用来绘制纹饰，烧出了青翠的釉下绿彩。

红釉瓷是铜作为氧化剂在还原条件下形成的。而要将铜在还原条件下呈色，对工艺技术的要求更高，窑工们必须对火焰的性质很了解，并通过控制火焰，把握窑内的温度，才能使窑内产生还原气氛，使铜或铜化合物产生红色。

目前，一般将高温铜红釉的渊源追溯至唐代长沙窑。出土文物表明，唐代长沙窑不仅生产了有釉里红图案的瓷器，并且能够使用还原焰烧造通体紫红的铜红釉执壶。虽然长沙窑中唐代红釉瓷数量稀少且质量不高，但能明显反映出长沙窑已基本掌握了铜红釉的烧造规律，开创了高温铜红釉使用的先河，为后世红釉的发展打下了坚实的基础。

钧瓷中主要呈色物质是氧化铜和氧化铁。与氧化铁不同的是，氧化铜是一种非常敏感的呈色物质。要想瓷器的最终釉色呈现出美丽鲜艳的红色，在制作过程中需要考虑诸多条件，例如氧化铜的用量、釉料化学的组成、气氛的性质、烧成的温度、窑内升温和冷却的制度等。宋代钧窑承继了铜红釉烧制的衣钵，经过反复试验和摸索，终于在1250~1300摄氏度的强还原条件下，创造性地将氧化铜作为呈色剂，烧出了颜色瑰丽的钧红釉瓷。但严格来说，钧窑红釉料并非纯正的铜红釉，还含有少量的锰、钴等金属。在高温还原焰中，因釉料中矽酸过量造

长沙窑红釉执壶

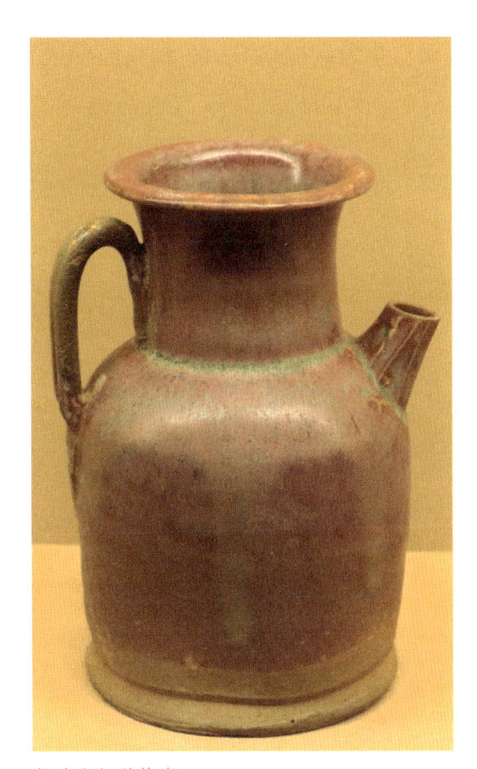

成了釉面的游离结晶效果，青红二色交相辉映，使得钧瓷产生了"入窑一色，出窑万彩"变幻莫测的釉色。

由于钧窑铜红釉的烧制需要在1250~1300摄氏度的强还原气氛下进行，这也就意味着对窑炉的要求会很高。此时的钧瓷窑炉已经和北方地区同时代的窑炉有了很大区别。钧瓷窑炉是在平地上深挖下去的土质窑，这种地下窑穴升温和降温都很缓慢，保温性质强，而北方地区的窑炉一般还是半倒焰馒头窑，是由平地而起砌筑而成的。

产品温度要求高，烧成时间长，控制难度大，这些实际困难都体现在烧造过程中。所以，窑工中一直流传着"一烧、二土、三细工"的谚语，还有"钧瓷窑变贵在烧成""生在成型，成在烧成"等说法。这些民间说法也体现着烧造这一过程的重要和困难。可以说，宋代窑工用氧化铜作为呈色剂成功地烧制出的铜红釉，是中国陶瓷发展史上了不起的成就，它对后来陶瓷发展产生了深刻影响，并为后世高温颜色釉瓷器的进一步发展奠定了基础。

一方水土

神垕镇作为中国宋代名瓷——钧瓷的发源地，至今已具有千年历史。钧瓷原在神垕镇蔼主沟、尚沟一带民窑中生产，釉色单一，质量不佳。北宋时，在钧台、八卦洞专门设立官窑，烧制宫廷用品。此后釉器名声大振，号称钧器。钧瓷是宋代五大名窑瓷器之一，位居"五大名瓷"之首。

地理位置优越

神垕镇坐落在禹州市的西南部，现在是禹州市市域西南的副中心。它的东面与鸿畅镇相连，南面毗邻平顶山市的郏县安良镇，西侧与磨街乡接壤，背面与文殊镇相邻，地理位置极其优越。

"进入神垕山，七里长街观，七十二座窑，烟火遮边天，客商遍地走，日进斗金钱。"这段明清时期流行的民谣，表现了古代钧瓷产地生产瓷器的盛况。钧瓷的名贵与禹州境内得天独厚的自然环境息息相关，矿产、土质、水源和气候，都为钧瓷的生产提供了条件支持。

神垕古镇

⊕ 矿产资源丰富，土质独特

神垕镇境内山岭起伏，群山环抱。大刘山和凤翅山等山上有众多名贵矿石，如孔雀岩、豆腐石、玛瑙岩、虎皮绿等。据统计，这里的陶土储量有10亿吨，煤炭可达1.8亿吨，铝矾土和紫砂石等矿产资源也有一定的储量。可见此处神垕镇矿藏的丰富。这里的土质也很独特，富含矿物质，又有含自然精华的颍河水配料，构成了生产钧瓷的天然条件。

⊕ 温带季风性气候

神垕镇所在的禹州属于温带季风性气候，四季分明，日照充足。气候温暖，年平均温度达到了14.4摄氏度；降水充足，年平均降水量达到了705.3毫米。矿藏丰富的土质在这种气候四季分明的影响下，经过冬日里的冷冻雪藏，春天的温化生发，夏阳的高温暴晒，秋雨的浸润拍打，土质不断地沉淀变化，矿藏日益沉淀，自然就形成了境内独有而又独特的制瓷资源。

禹州市颍河

❁ 制瓷业发达，官方支持

自唐代以来，神垕镇出产钧瓷，并在北宋时期掌握了高温还原气氛的技术，到了北宋晚期，官办的钧窑也设在了禹州境内，至此，禹州逐渐发展为中国北方陶瓷中心之一，并逐渐进入鼎盛时期，成为钧瓷生产最集中的地区。自宋代以来，烧制钧瓷的窑场遍及南北各地，形成了庞大的钧窑体系，例如，明清时期，钧窑风格影响到南方，出现了各种仿钧的瓷种，如广东佛山的"广钧"、宜兴的"宜钧"、景德镇的"祭红""釉黑红""卢钧"等，以及受钧釉影响而创新出的各种高温颜色釉。

仿钧瓷器

历史悠久，底蕴深厚

神垕镇历史悠久，是黄河流域陶瓷文明的发源地。从近些年出土的关沙、红陶、篦纹灰陶等文物中推断，早在夏商时期，神垕就有人群居住，并从事农耕和制陶，由陶而瓷的进化演变表明这里的历史源头几乎与华夏文明的历史同步。神垕镇在历史上很早就有外委官吏驻守，经济水平也相对较高，对教育的关注程度颇高。这里崇尚儒学，兴建孔庙，每逢春秋丁祭，形成了良好的风尚。

现在的神垕镇已经是国家历史文化名镇，因钧瓷的名贵与技艺的传承，这里也形成了以钧瓷文化创意为主导的文化旅游型城镇，每年都有不少游客慕名而来。目前，神垕镇全镇共有陶瓷企业460多家，生产钧瓷、炻瓷、高白细瓷等六大系列的千余品种产品，成为河南省重要的陶瓷出口基地。

神垕古镇钧瓷造型景观

一段历史

钧窑产出的钧红釉为何在颜色釉的发展史上有如此高的地位？其实，这主要是因为钧红釉的出现打破了青釉长期以来独占鳌头的局面。在相当长的一段时间内，瓷釉都是传统的单一青釉，直到钧窑的窑工在高温还原气氛中成功地烧制出红釉瓷，才逐渐发展为多色的窑变花釉，这是颜色釉发展史上划时代的大事。

钧瓷最为神奇的就是它的窑变艺术。钧瓷在施釉时对上釉的厚度很有讲究，釉层厚度不同，烧成后釉面的窑变效果也就不同。而钧瓷的釉色是采用不同的上釉方法靠自然窑变而来，这明显不同于其他瓷器釉色、花纹、图案的人工着色描绘手法。从不同的角度欣赏钧瓷，会看到不同的图案，感受到不同的意境，可谓妙趣横生。

北宋末年徽宗时期，钧窑受到宫廷重视，把"钧台钧窑"垄断为"官窑"，集中当时的能工巧匠，烧制盆、瓶、钵、洗等钧瓷器皿，专供宫廷使用。制作出来的瓷器造型端庄古朴，胎质坚实，工艺严整；釉色五彩缤纷，莹光玉润，变化神奇自然。出炉的钧瓷挑选严格，

宋徽宗赵佶画像

钧红釉

残次品一律砸碎深埋，禁止流入民间，这样一来，钧瓷成了被皇室垄断的瓷器贡品，民间难得见到。这种高标准、严要求，对钧窑的制作工艺、烧制技术、艺术品位起到了升华作用，从而钧瓷由一般的日用瓷上升到纯粹的艺术瓷，钧窑成为宋代五大名窑之一。

所以常有人说，钧窑是宋朝时期的后起之秀。它的烧造技术和独特的艺术风格对中国颜色釉的发展有很深远的影响，这种影响遍布中国南北。深受其影响的北方地区以河南、河北、山西、陕西为主；南方地区则主要集中在江西景德镇和广东石湾镇。但相对来说，钧窑烧造工艺对南方各窑的影响更为深远，尤其是景德镇对钧瓷的仿造方面。

景德镇早在宋朝末期就对钧瓷进行了仿造。据《清波杂志》上记载："饶州景德镇，陶器所自出，于大观间窑变，色红如朱砂，谓荧惑躔废，临照而

"雍正年制"仿钧新紫釉太白坛

然。物反常为妖，窑户亟碎之。时有玉牒防御使（仲檝），年八十余，居于饶，得数种，出以相示，云：'比之定州红瓷器，色尤鲜明。'"此外，《景德镇陶录》上也有记载："均器，仿于宋末，即宋初之禹州窑。"可见，对于钧瓷的仿造，景德镇以红紫色调为主，窑变也是深受其青睐而进行仿造的产品。

景德镇仿钧瓷器

1126年，靖康之变后，北宋灭亡，南宋兴起。钧窑在宋代进入发展黄金期，钧瓷却在这场战乱中被毁灭殆尽。到了元明时期，钧瓷便成了"隐世之物"，并逐渐衰落，被称为"传世宋钧"。

金元时期生产出的钧瓷产品远不如宋朝的钧瓷精美。这时的钧瓷胎体相对粗糙，器物半截施釉，釉色没有云霞般的美丽色彩，也缺失了釉瓷烧制过程中形成的流动感，显得色彩暗淡呆板，不够透亮，但这也形成了典型的金元风格。等到了明初，钧窑生产技术已经失传，不再有钧红出现了。

金元时期的钧瓷

  而此时景德镇铜红釉的境遇却大不相同。历经元、明、清三代，景德镇铜红釉的烧造技术得到了进一步的发展，除了钧红类的产品，又产生了祭红、郎窑红和釉里红等名贵的铜红釉产品。铜红釉的产品种类在钧瓷的基础上变得更加多元，颜色也更加鲜艳美丽，日益成为中国颜色釉生产的主色。

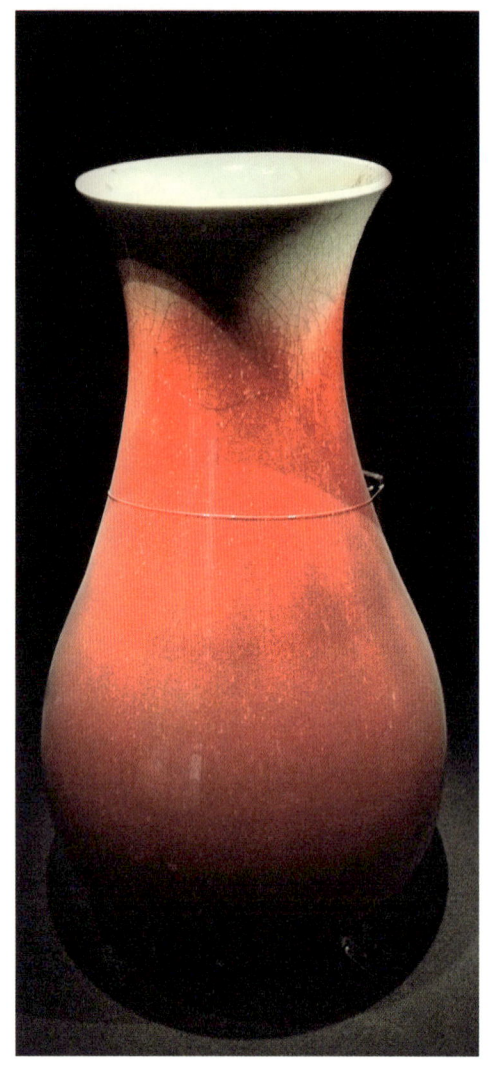

祭红釉　　　　　　　　　郎窑红釉

一袭传统

中国的瓷文化源远流长，每一种技艺其实都离不开历史的推演和当地的自然与风尚。自唐宋以来，灿烂的钧瓷文化迸发出独特的魅力，使神垕这个小镇驰名中外。在这座不算大的小镇上，有许多古典传说和历史文化，为它平添了很多神秘色彩。

汉高祖曾略地赏猎于大刘山，汉光武帝也在神垕境内上演过传奇，汉将邓禹在这里屯兵打仗、智退敌兵，这里还有窑民们不屈不挠的罢工斗争，历经沧桑的伯灵翁庙和神奇的"金火圣母"等神话传说。由此可见，这座小镇见证了历史的烟云和风霜。神垕的故事，也是中国陶瓷文化的一个标点。

神垕镇内瓷窑密布，这里的瓷业如此发达，自然少不了先人们所崇拜的行业神。这里的窑神庙也随处可见。在众多的窑神庙中，最著名的就是伯灵翁庙，该庙也被称为窑神庙、火神庙。

伯灵翁庙的建筑年代已无从考证，但这座古庙宇仍是这里的重要地标，是钧瓷文化的象征性建筑。它的存在体现了当地制瓷匠人对窑神的信仰，也是神垕镇"中国钧瓷之都""火艺之都"的重要标志，现已被列为河南省重点文物保护单位。

伯灵翁庙

伯灵翁庙花戏楼

　　伯灵翁庙为庭院式群组布局，主要建筑物有窑神殿、花戏楼、道房、东西日月门等。花戏楼为伯灵翁庙的正门。门前一对石狮子，张牙舞爪、威风凛凛。石狮后，两根大理石擎柱上镌刻着"灵丹宝箓传千古，坤德离功利万商"，包含着阴阳八卦、天地造化、工商经济等诸多内容。楼脊中心立有一麒麟，背驮钧瓷宝瓶，透着祥瑞之气。

　　窑神殿内供奉着三尊神像。中间为土山大王——"司土之神"，根据《竹书纪年》中的记载，是舜。左边便是伯灵仙翁，相传是一位能工巧匠，为神垕古代制瓷业的发展做出过巨大的贡献，所以被神垕的窑工奉为"工艺之神"。右边的是司火女神，人称"金火圣母"。

　　关于这位美丽的司火女神，还有一段凄美的传说。

　　相传，神垕有个窑工烧制出一件精美绝伦的紫红色花瓶，这件花瓶后来被献给皇帝。皇帝见了此瓶，非常喜爱。于是，他便下旨让这位窑工再烧制出一只一模一样的花瓶，并限期送入宫中。

　　窑工们都知道"钧瓷无双"，每一件都是孤品。烧造环境中某一环节有轻微的变化，都会使瓷釉有所变化。但皇命不可违，距离上交花瓶的日子越来越近，窑工们十分担忧。一个老窑工的女儿名叫姹紫，她看到父亲为了要烧制出一模一样的花瓶而一筹莫展，心中也十分着急。一天晚上，她在梦中梦见一位鹤发童颜的老者，老者边走边说，要想烧出的花瓶成双，只要在开窑时有童女的血喷到烧制的花瓶上便可。

姹紫梦中惊醒，赶忙告诉父亲自己找到了烧制相同花瓶的办法，请父亲再烧一次试试。老窑工听了女儿的话，心中又生起了希望。于是，老窑工点火又烧了一窑。在开窑之际，只见姹紫迅速飞身扑入窑中，她的血染到了瓷器上。窑洞内顿时火光四射，待火光散去，真的现出了一只和送入皇宫内一模一样的紫红色花瓶。

老窑工痛失爱女，十分悲愤，把此瓶砸得粉碎，也转身扑入窑中，父女二人都丧生于窑内的烈火。窑工们被姹紫的一片孝心感动，又感慨于窑变花釉的神秘和变幻莫测，便把姹紫奉为司火女神。

当窑工们利用高温还原气氛烧制出钧瓷时，瓶体色泽浓艳又带有细纹，他们一度认为这是妖邪之器。认知和人力的局限性使他们将一切的解释归于自然神明，通过拜祭来祈求个人的平安和制瓷的顺利。时光荏苒，这些古庙宇跨过历史的长河遗留至今，为我们留下了非常丰厚的历史文化遗产，让古老的制瓷文化有迹可循。

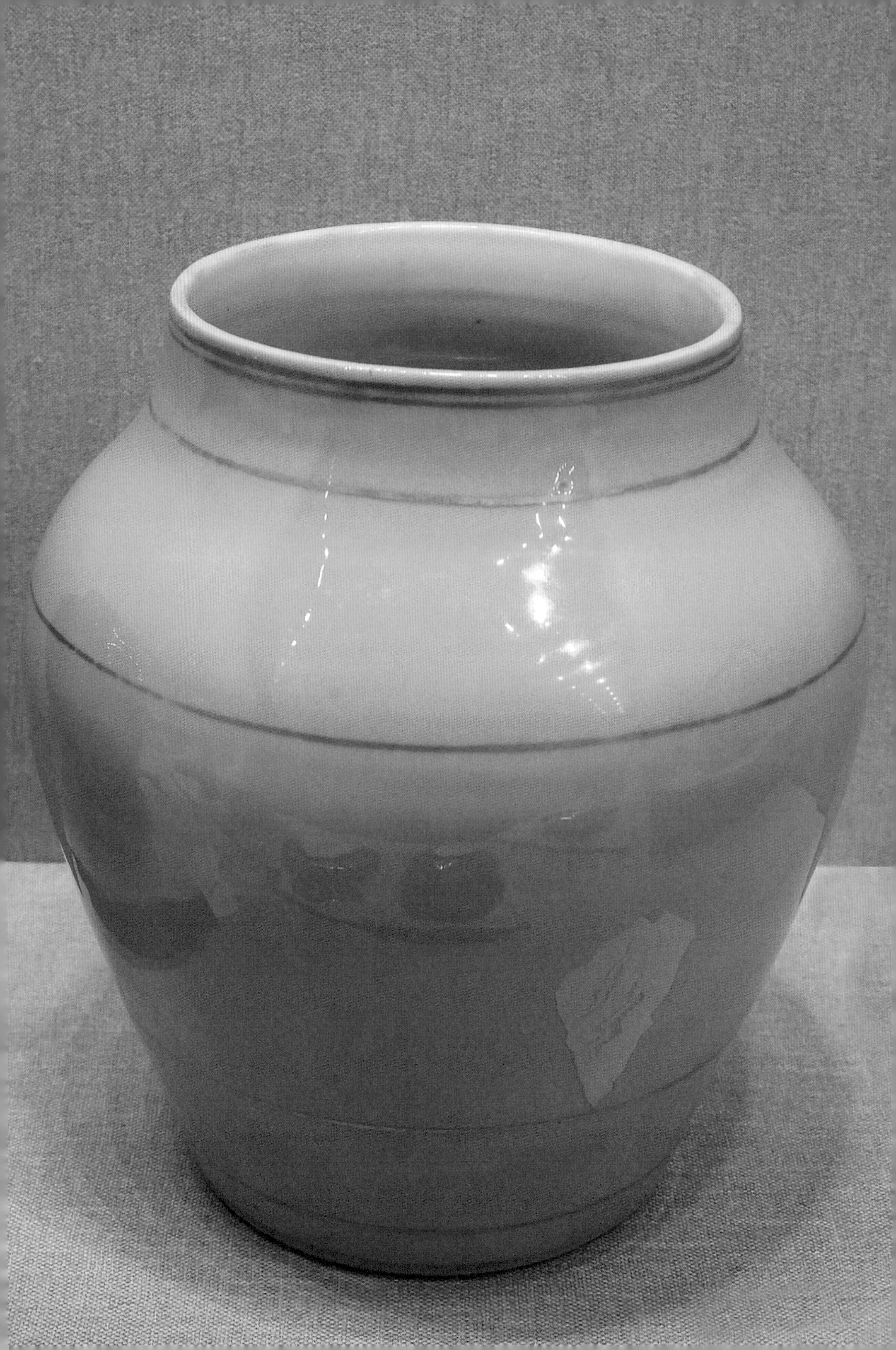

黄釉瓷

Huangyouci

一件作品

"黄"与"皇"同音,故黄色在古代象征着地位和权力,从唐朝开始,便作为帝王专用色,一度被皇室垄断,因此黄釉瓷在古陶瓷艺术中占有很重要的位置。到了明清时期,黄釉瓷作为宫廷用瓷,绝不许民间使用。

明弘治黄釉金彩牺耳罐,高32厘米,口径19厘米,足径17.5厘米。罐广口,短颈,溜肩,腹部上丰下敛,平底,肩两侧置对称牛头形耳。罐内施白釉,外施黄釉。外壁自上而下饰金彩弦纹9道。底素胎无釉。无款识。

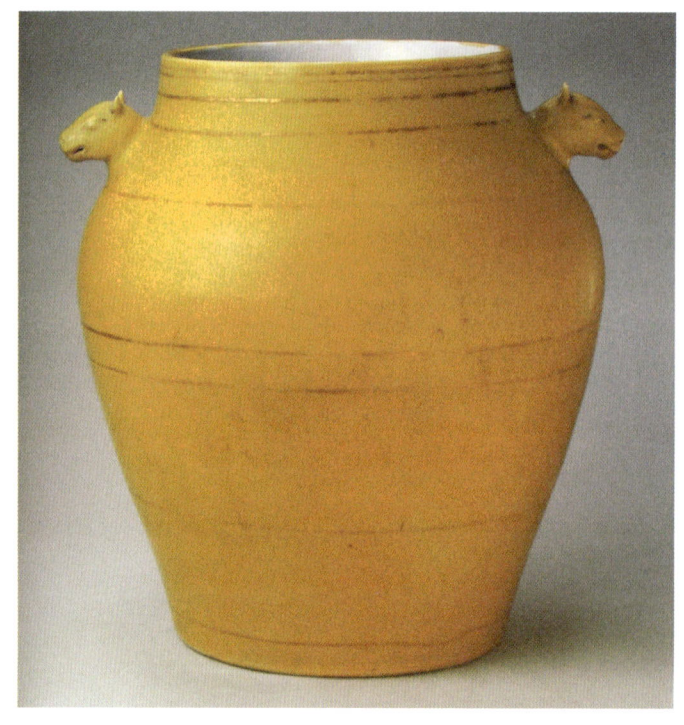

明代弘治时期黄釉金彩牺耳罐

这类黄釉描金罐有在罐口放置曲带式双耳的，有放置兽耳的，也有不置耳的，它们都属于宫廷祭祀用器。明代黄釉瓷器以盘、碗居多，罐则少见，且为弘治朝所独有。这类传世作品多为清宫旧藏。

　　黄釉瓷在明代迅速发展，到弘治时期已近乎完美，制造工艺也相对纯熟，可以说已经达到了历史上黄釉瓷低温釉的最高水平。黄釉瓷也成了明代著名的瓷器品种之一，明初景德镇官窑产出的黄釉瓷色泽均匀，到了弘治时期，更是烧制出了釉色鲜艳，娇嫩如鸡油一般，被称为"鸡油黄"或"娇黄"；又因其制作过程中采用的是浇釉法施釉，所以又被称为"浇黄"。图中这件黄釉盘的釉面均匀纯净，颜色娇嫩淡雅，算得上是这一时期的代表作。

　　明代黄釉的烧制成功离不开统治者的控制和支持。而到了清代，封建集权下的等级制度日益森严，黄釉瓷的制作也日益精细，

明代弘治时期黄釉盘

黄釉瓷　　109

也有着严格的等级制度。除了在沿袭明代制作工艺的基础上进一步发展，清代黄釉瓷在器型、纹饰上有所创新，釉色的种类也越来越多。

◈ 黄釉瓷的特点

黄釉瓷釉色多样，色泽纯净；造型娇美，线条柔和，单色黄釉瓷器的色泽恬淡素净，器型优美。单色釉瓷是雍正时期产出较多的品类，并以造型娟秀、釉质精细著称于世，也正是在这一时期，黄釉瓷的釉色不断出新，出现了淡黄釉瓷，这种釉瓷色泽浅淡清新，因为它与柠檬的颜色非常接近，又被称为"柠檬黄"，深受统治者的喜爱。淡黄釉瓶、柠檬黄釉杯子、柠檬黄釉莲瓣盘等都是当时极具代表性的器物。

柠檬黄釉碗

淡黄釉盖盒

釉色的出新自然离不开烧制温度和制瓷原料。烧制的温度不同，黄釉瓷的呈色也就不同。黄釉瓷可以分为高温釉和低温釉两种，两者都是以氧化铁为着色剂，只是用铁的含量不同，且氧化气氛的温度不同，釉色也因高温和低温而改变。到了清代，在烧制的黄釉中还加入了其他物质，如玻璃白，还有一些是含有锑，此时的黄釉瓷颜色和品类也因此更加丰富。

黄釉瓷的用途

随着皇家对黄色的重视，对黄釉瓷的严格控制，黄釉瓷的尊贵地位也逐渐彰显。在使用上，黄釉瓷器除了用作宫廷祭祀礼器外，也作为皇帝、后妃及其他人等的日常生活用具使用，以膳食用具居多。此外，黄釉瓷还多被用于宗教用品和宫廷陈设的用具。

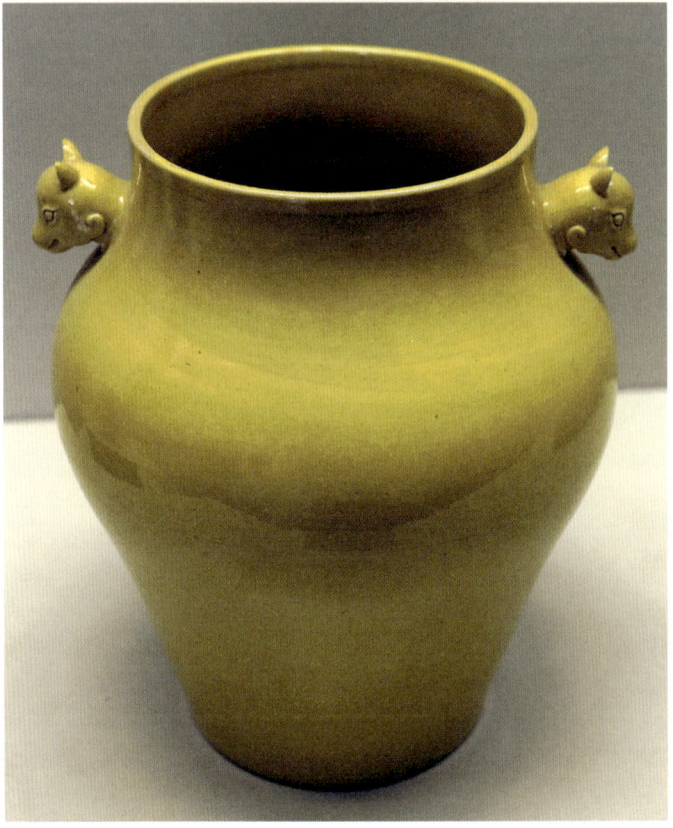

黄釉瓷可作为膳食用具和祭祀用具

除了皇室对黄釉瓷使用上的严格规定，釉料的配方和烧制的工艺也影响着黄釉瓷的产出。在明清时期，黄釉瓷的烧制主要由皇家御窑厂来承担，制瓷秘方被严密的控制，也就造成了民间无法掌握黄釉瓷的工艺和配方，自然就无法生产了。

随着封建王朝的瓦解，皇室对黄釉瓷的严格控制也随之解除，黄釉瓷得以走向民间，但由于它在皇权统治下经历了漫长岁月，早已被刻上了深刻的烙印，黄釉瓷仍成为瓷器中最尊贵、奢华的代表。也正因如此，黄釉瓷被赋予了特殊的象征意义，并以其独特的传统工艺和艺术价值，受到越来越多的关注。

一位有缘人

❀ 黄釉瓷器收藏第一人

冯玮瑜曾深耕房地产行业，从房地产行业华丽转身后，她的身份越来越多元，集艺术家、作家、收藏家于一身。

收藏是一种个人情怀，更需要独特的眼光，明清御窑单色釉瓷器系列便是冯玮瑜收藏的方向之一，她所收藏的黄釉瓷器闻名遐迩，被誉为"黄釉瓷器收藏第一人"。

曾多次到过北京故宫的她，印象最深刻的是故宫对黄色的推崇。明黄色的琉璃瓦配上红色的宫墙，黄红配色彰显着大气的皇家风范，庭院开阔，象征了至高无上的皇权地位。黄釉瓷的独特色泽与作为皇家用瓷的独特气度吸引着她。这也导致她对单色釉中的黄釉器情有独钟。她曾说："黄釉瓷器以其尊贵典雅的气质，彰显着特殊的艺术魅力和丰实的文化内涵，令人心生敬慕，回味无穷。所以在选择收藏单色釉御窑瓷器时，我就从最高等级的黄釉御用瓷器入手"。

北京故宫博物院

躬身实践——御窑黄釉手艺人

除了收藏黄釉瓷，冯玮瑜还躬身实践，学习黄釉瓷制瓷技艺。作为御窑黄釉手艺人，她亲手复烧了当年几近失传的黄釉瓷器。以自己收藏的器具为原型，她面向市场，精心打造出了一系列黄釉瓷产品。

她收藏的明清御窑黄釉瓷器系列，参加2016年5月在北京举办的"皇家气象——自得堂藏黄釉御窑瓷器特展"，一经亮相就震惊国内外收藏界。她亲自为到场的媒体和嘉宾导览，将历史上尊贵的黄釉器系统、全面地呈现在大众面前。北京故宫博物院研究员吕成龙曾赞美冯玮瑜为"开风气之先的第一人！"

2017年，她与景德镇陶瓷考古研究所共同在中国陶瓷博物馆举办了"黄承天德——明清御窑黄釉瓷器珍品展"，还出席了"明清御窑研究国际学术研讨会"，对御窑黄釉瓷器展开深入的讨论和学术研究。

以创新化传承——重视黄釉瓷的介绍和推广

以创新的形式活化非遗技艺的传承，冯玮瑜对于自己收藏品的传播方式并不拘泥：在专栏中讲述收藏品的特点，在作品中分享收藏故事，线下举办大型分享会、展览，参与讨论论坛，利用线上渠道打开知名度，等等。

她将黄釉瓷器的收藏化身为生活美学，给予了更多方面的文化解读，也取得了一定的成绩。2020年11月，冯玮瑜联合璞睿生活艺术馆在广州举办"冯玮瑜生活艺术展——宸赏"艺术展。将收藏和艺术作为生活美学向大众呈现别具一格的生活方式和美学。

古人向来喜欢用菊花纹路或图案来装饰瓷器。其中最为有名的，实属雍正御制的菊瓣盘，这件盘子造型精巧，线条流畅，柠檬釉色清透淡雅，正是雍正年间创新的深受雍正喜爱的柠檬黄。而这件稀有的柠檬黄釉菊瓣盘是冯玮瑜的众多收藏品之一，被后世赞誉为一代名品。

黄釉菊瓣盘

  每件藏品都是特定时代的瓷器符号，它展现着一个时代的历史文化、经济发展、社会环境和人们（或帝王）的审美情趣。冯玮瑜经常以自己的藏品为引，通过文字或讲述的方式，带领大家去感受独特的文化韵味。例如，她曾以这件柠檬黄釉菊瓣盘引领大家感受雍正那雍容典雅的皇家生活和古老浪漫的宫廷旧事。

  因兴趣而萌芽，因热爱而扎根，冯玮瑜的收藏之路也是一条文化传播之路。她对黄釉瓷的喜爱是博大宽广的，将这种非遗文化的推广融合现代的认知和传播方式，才能更好地吸引当下的年轻人。

一门手艺

如此尊贵的黄釉瓷器究竟是如何烧制的,又有哪些独特的工艺呢?

❀ 施黄釉的方法——浇

黄釉的烧制方法可以分为两种,一种是在素坯上直接施黄釉再烧制,另一种则是在已烧制的白釉器上施黄釉。毫无疑问,无论是哪种方法,都需要施釉这道工序,这也变相表明,施釉在黄釉瓷的制作中十分关键。

浇釉法,又称"淋釉法",是施釉方法中最常用的方法。这种方法也被称为"浇黄",就是将釉浆浇到坯体上,从而在坯体上形成釉层,这样浇釉后的釉层不易剥落。

这种施釉工艺适用于盘形、杯形、缸形、罐形等器皿。在整个浇釉过程中,先将木板安装在一个盆或桶上,再将坯体放置在木板上,这主要是为了施釉过程中流下的釉浆能流入到木板下的容器中,收集多余的釉浆,利于循环使用。然后,浇釉人员手持碗或勺,盛取适量的釉浆,向坯体上浇釉浆。这个过程对操作工艺有一定要求,浇或淋要均匀,才能保证釉层厚度的统一,否则釉面就会出现不平或光滑度不够等质量差异。所以,这种浇釉方法更适合强度较差的坯体。

圆盘、杯、碗等器物也可以这样操作,外面釉干后,再用同样方法对内部进行淋釉。对于缸形、罐形器物,则可用灌釉法先对内部施釉,然后再对外部施釉。还有一些有雕刻图案的器物,在淋釉

古代制瓷工艺之——浇釉

前，需要先用蜡将图案部分封住，再进行淋釉。等到釉干后，再将蜡层刮掉，并对未沾釉的边角部分进行补釉。底部若是沾上釉浆，要用海绵擦掉或用刀片刮掉，晾干、待烧。每一个细节都需要认真对待，才能保证器物的质量。

烧造原理

如果从烧造原理上对黄釉器进行区分，可以分为铁黄釉和锑黄釉两种。这两种不同的黄釉在烧造中主要是呈色剂不同。

🔶 铁黄釉

铁黄釉的呈色剂是氧化铁，分为高温釉和低温釉两种。高温黄釉中的米色釉，又被称为"米黄釉"。这种釉瓷呈色淡雅，黄中泛白，特别像小米的颜色，因此而得名。景德镇窑生产米黄釉始于宋代，深者黄中微泛红，浅者黄中泛白。清代景德镇窑生产米色釉始于康熙时期，以后各个时期亦有烧造，而以雍正时期最多且质量最好。低温黄釉中的娇黄釉于明宣德时创烧，盛于弘治、正德时期。烧成温度850~900摄氏度，稳定性比其他低温釉要高。透明度较高，使刻在胎上的图案花纹能透过釉层显现出来。嘉靖后，衍为"鱼子黄釉"，以后愈淡，清康熙时衍为淡黄，又名"蛋黄釉"。

早在明洪武时期就有铁黄釉的烧制，此后，明清两代历朝都延续这种烧造方式，是黄釉瓷中的大宗，也是当时的主流品种。

低温黄釉瓷——浇黄釉描金弦纹尊

高温黄釉瓷——米黄釉斗笠碗

黄釉瓷 119

◉ 锑黄釉

与铁黄釉不同,锑黄釉的釉料是以氧化锑为呈色剂,在低温氧化气氛中烧成的低温釉瓷。这种瓷釉被称为"淡黄釉",釉色比传统浇黄釉更加的浅淡幽雅,又因它的色泽极似蛋黄的颜色,所以又被称为"蛋黄釉"。

锑黄是康熙年间从西洋引进的釉料,康熙年间,珐琅传入中国,深受康熙帝的喜爱,便下令学习仿造,也就在此时,锑黄传入中国。它在珐琅彩瓷器上多有使用,除了被应用在图案花纹上,甚至被大面积用作瓷器的地色,也就是底色。在清代文献的记载中,它有不同的称呼:"西洋黄""洋黄",督陶官唐英曾在《陶成纪事碑记》中记载:岁例供御的57种彩、釉中有"一西洋黄色器皿",指的就是这一品种。

锑黄釉与铁黄釉有着截然不同的特点。锑黄釉的透明度较差,釉层呈乳浊状,由于釉料珍稀,烧制技术难度大,所以烧成的数量有限,件件珍贵。锑黄釉瓷器以雍正时期最佳,嘉庆之后几乎就不再生产。

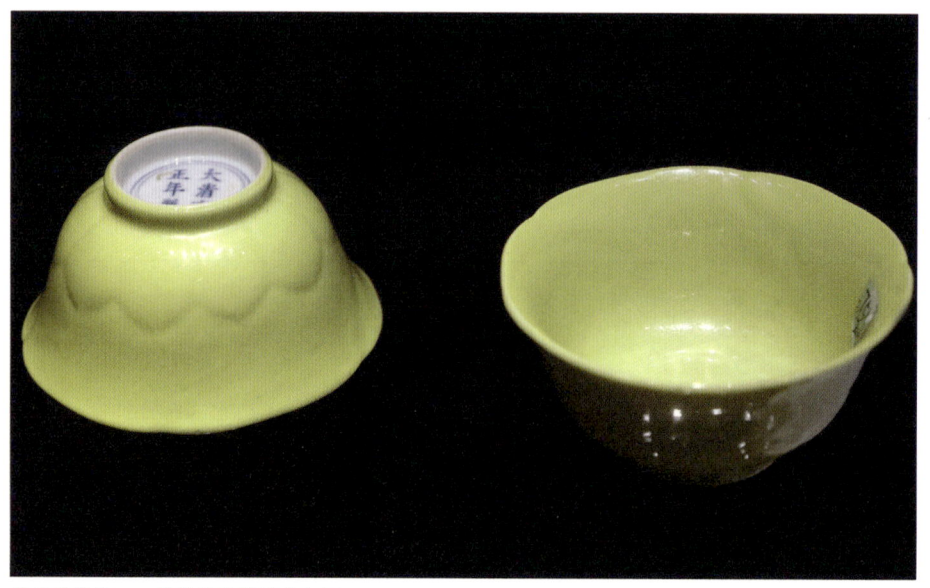

锑黄釉瓷器——柠檬黄釉莲花式小杯

一方水土

提到黄釉瓷，首先想到的一定是明清时期的皇家御用瓷。其实对于黄釉器是何时产生的，说法不一。其中一种说法是黄釉器早在汉代就已经被烧制出来，只是颜色为黄褐或深黄，并不是真正的黄色。

❁ 最早以烧制黄釉瓷为主的瓷窑——寿州窑

也许黄釉瓷具体产生的时间无法考证，但在唐代，唐三彩陶器上深浅不同的黄褐色釉的确表明黄釉在此时是存在的，而考古发现，也正是在此时，出现了迄今为止最早的一个以烧制黄釉瓷为主的瓷窑——寿州窑。寿州窑是唐代的六大名窑之一，在2001年被国务院公布为全国重点文物保护单位。

寿州窑窑址

寿州窑因在隋唐时期地处寿州的辖制内而得名。其实，在隋唐时期，并非只有寿州窑一处制作生产黄釉瓷，四川的邛崃窑、河南的巩县窑、陕西的黄堡窑等也烧制过高温黄釉瓷，但品质难与寿州窑相提并论。可以说，当时寿州窑的黄釉瓷是独步一时的。

唐代寿州窑黄釉瓷器

✦ 瓷土、釉料，所用原料样样不差

寿州窑制瓷所用的原料，包括瓷土、釉料等，都是本地蕴藏的矿土资源。瓷土主要被用来制作素坯，在当地被称为"老土""钳子土""拌子泥"。

这里的瓷土独具特色，可塑性强，耐高温，温度可达1250摄氏度。颜色并非单一的白色，而是黄、灰白和棕三色，烧结后为黄白色。同样，这里的釉料也很讲究，它是由采自山上和河中的釉料加工配制而成的。经过不同程序的烧制，也会呈现出不同颜色的釉色。

✦ "化妆土"——器物更加精美的瓷衣

寿州窑在制作瓷胎时，胎土一般不经淘洗、晾晒而直接使用，所以胎质相对粗糙。那么，要如何弥补这个缺陷呢？匠人们为了保证器物的美观想到了一个好方法：在器物的坯上施一层质地细腻的白色瓷土，就会形成一层瓷衣，而制作这种瓷衣的瓷土就被称为"化妆土"。

这里的化妆土的原料来自当地生产的"焦宝石"，通过在"化妆土"形成的瓷衣上施釉料，可以使器物的表面光洁，解决了瓷土粗糙带来的问题。

使用"化妆土"，寿州窑算是较早的窑口了。隋唐时期的陶瓷业逐渐发达，对寿州窑瓷器的形成与发展也起到了重要影响。隋朝时，寿州窑的器型已经不仅只有豆、碗、瓶、罐、盏等，高足盘、壶、食盒、钵等也开始生产，并受到时下的欢迎。

寿州窑生产的陶瓷器型多样

❀ 盛世唐朝，陶瓷业日渐鼎盛

唐朝因贞观之治成就了一个太平盛世。政治的发展、经济的繁荣、文化的交融，极大地促进了社会的进步。陶瓷业在此时也得到了空前的发展，产品种类增多，产量逐渐增大，造型线条，更加具有艺术性，釉色也由单纯的青绿釉逐渐向黑釉、绛黄和黄釉转变。

唐朝中期，寿州窑也进入了自己发展的鼎盛期，它生产的黄釉瓷在两淮及长江中下游地区十分畅销。黄釉瓷的文具用品、茶具用品也备受青睐，促使寿州窑黄釉瓷向艺术层面发展。除此之外，借助扬州港口的发展，寿州窑的黄釉瓷产品开始远销海外，深受日本、朝鲜、菲律宾、印度尼西亚等邻国人民的喜爱。

盛世唐朝

❖ 制造技术不断完善，工艺日益精湛

寿州窑的制瓷工艺体现出兼蓄的特点，可以说它是一门中原与地方技艺结合的工艺。将中原地区制瓷技术和地方制瓷方法、原料的特点相结合，设计和制造出极具地方文化特色的瓷器，极具感染力。

到了唐朝中期，寿州窑的制造技术逐渐达到了最高水准，出现了相当数量的瓷胎薄、瓷质坚硬、声音悦耳的陶瓷极品。人物、动物、鸟兽等图案，单双弦纹、莲花卷草纹、云龙团纹都是寿州窑瓷器中较为常见的题材。划花、印花、贴花、堆塑等修饰手法的使用使瓷器的外形更加精美，更具艺术性。

唐代黄釉褐斑贴花瓷壶

御窑厂

御窑厂在明洪武年间开始设置，选址江西景德镇，是明清两代专门为宫廷供应所需瓷器而设的机构。明清两代，皇室对黄釉瓷的管控愈加严格，御窑作为官窑中的一种特殊类型，成为生产黄釉瓷的主要窑口，黄釉瓷器成了地位的象征。这一时期的黄釉器极其精

御窑厂

美，寿州窑的产品与之相比也许较为逊色，但无法否认，寿州窑黄瓷的出现，在中国陶瓷工艺的演变过程中具有划时代的意义。这是单色釉兴起的又一新的品种，是我国陶瓷发展史上的一件大事。

一段历史

寿州窑最早创烧于南北朝时期,到唐末以后渐趋衰落,烧制生产工艺也逐渐失传。寿州窑出产的器物厚重朴拙,胎质坚硬,釉彩浓郁,具有浓厚的时代特征和独特的地方特色,兼具审美与实用价值。

颜色釉瓷器始终是瓷器发展史中不可或缺的一部分,但黄釉瓷器在相当长的一段时间都是小众品种。在隋唐时期,寿州窑的黄釉瓷受到了"茶圣"陆羽的欣赏和点评,但其后在数朝也没有掀起什么浪花,甚至很难登上大雅之堂。虽然在辽代,黄釉瓷展现了契丹民族的独有风貌,但很快又归于沉寂。直到明朝在景德镇设立御器厂专司窑事,黄釉瓷器才伴随着封建皇权的强化脱颖而出,奠定了自己瓷中贵族的身份和地位。

辽黄釉瓷——黄釉鸡冠壶

茶圣陆羽

明朝洪武时期的黄釉瓷至今未见完整的传世作品。考古团队在景德镇珠山御窑厂遗址和北京地区都曾出土过一些这一时期的黄釉盘残片。内里施白釉，外壁施黄釉，色泽较深，能看到细微开片，装饰风格同洪武时期的青花、矾红彩云龙纹盘一致。

永宣时期的黄釉器以盘类居多，色泽淡雅，橘皮纹较为明显，这得益于制作工艺的改进。到了成化时期，釉器的颜色已有深浅之分，烧制技艺又有了进步，这也为弘治时期黄釉的发展奠定了基础。

弘治黄釉瓷是明朝时期名气最大的。首先，这一时期的品类造型更加丰富，突破了前朝的局限，出现了双兽耳罐、绶带耳罐、牺耳罐等体量较大的琢器。其次，釉色也得到了突破，名气极大的"鸡油黄"就是在这一时期产生的。与前朝相比，弘治时期的黄釉素净淡雅，没有过多雕琢，只是多用金彩在釉面上勾画，显得富丽堂皇，它比成化时期的淡黄釉显得深厚，又比正德、嘉靖年间的色泽浅淡，因此常有人将它视为中国陶瓷史上明代黄釉瓷的典型代表。

明代宣德时期黄釉瓷　　　　　　　　明代弘治时期黄釉碗

可惜的是，弘治时期之后，黄釉瓷的烧制开始慢慢衰落。釉色越来越深，娇嫩感也渐渐消失，工艺水平明显粗糙，很少有上乘的佳作，自然无法与成弘时期的工艺比较。

明末清初，战乱不断，景德镇御器厂停工辍烧。清朝入关，定都北京后，御窑厂得以恢复。清朝对于皇权的加强十分重视，因黄色是皇家尊贵的象征，黄釉瓷的尊贵地位逐渐彰显。康乾盛世之际，黄釉瓷器海量烧制，工艺水平十分精湛。

黄釉瓷器的色泽相较于红釉、青釉等瓷器，区分并不明显。

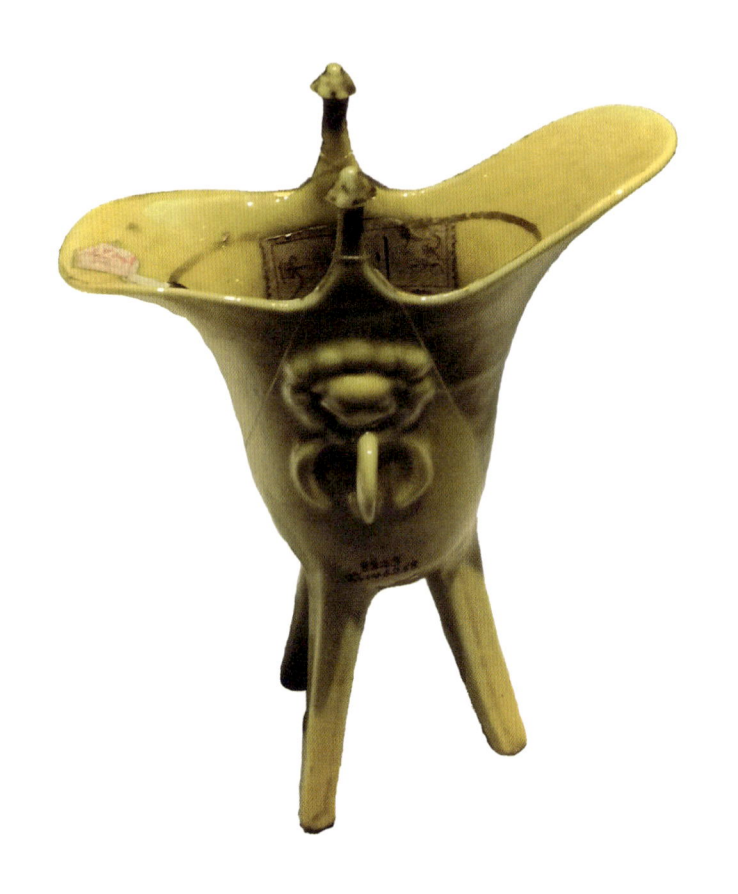

明代正德时期浇黄釉描金爵

清代康熙时期黄釉绳纹耳罐

当不同的人面对同一件黄釉瓷器，感官的判断是不尽相同的。饶有兴致的文人墨客喜欢为黄釉总结出林林总总的雅称，这既是一种文人雅致，也是瓷器与文化的影响。虽黄釉瓷在明清时期以受制于皇家宫廷，但这不影响它作为一个时代的符号，一段历史的印记流传于世。

一袭传统

❁ 黄色——帝王御用之色

黄色是什么时候开始成为帝王专用色的呢？根据唐朝首次颁布的诏令来看，帝王专用色的使用最早始见于隋朝。唐朝朝廷首次颁布诏令时，就禁止平民穿黄服。南宋王楙所著《野客丛书》曾记载："自唐高祖武德，初用隋制，天子常服黄袍，遂禁士庶不得服，而服黄有禁自此始。"大意是隋朝时天子穿黄袍，于是唐高祖也效仿隋制，并规定黄服除帝王外其余人一律不能使用，所以百姓禁穿黄服是从唐代开始的。

那么，除了效仿以外，皇上偏爱黄色还有什么原因呢？

中国拥有历史悠久的农耕文化，考古发现早在新石器时代就有农耕痕迹。自古以来，先人便崇尚土地，土地就是生命，人们对土地的亲切感和崇敬感延续至今。

而在传统的五行之说中，金、木、水、火、土分别对应了五个方位和五种颜色，其中"土"对应的是中央和黄色，帝王们认为自己是人世的主宰，理应位于权利的中心，掌握天下的所有领地。同时，古人信奉苍天，《周易·坤卦》中记载"黄裳，元吉"，将黄色服装与吉祥之意联系在一起。帝王们都希望自己的基业千秋万代，江山永固，国泰民安，选用黄色也是祈求吉祥。

❁ 黄釉瓷受帝王喜好的影响

黄色随着唐代的首道诏令成了帝王专用色，但这个规定只是对服饰做出了限定，对于陶瓷器的颜色没有什么明文限制。所以，唐代著名的陶器唐三彩中带有黄色的不在少数，黄釉瓷虽不多见，但也是一直有窑口在产出。

时至宋代，黄釉瓷明显不受帝王的喜爱，自然无法进入社会的主流中。宋朝的帝王多心性高雅，喜爱品茶，偏爱唯美纯净之色，像建盏黑釉瓷就成了当时品白茶所必备的器皿。而像灿黄一类的颜色则通通被文人士大夫们视为俗色。因此，在宋代，黄釉瓷虽仍有生产，但却难登大雅之堂，更够不上主流地位了。

元代时，黄釉瓷的命运也略带凄凉，因皇帝出身游牧民族，喜好自然和宽广的天地，崇尚蓝天白云，故元代的帝王更喜爱青花瓷，此时，青花瓷一跃成为瓷色的主流。

而到了明代，官方设立御窑专事瓷器的生产。至此，黄釉瓷的命运发生了翻天覆地的改变。随着中央集权的不断加强，黄釉瓷成为一种具有象征意味的皇家用瓷。而在清代，黄色被用到了极致，清朝末代皇帝溥仪曾说过，"每当回想起自己的童年，我脑子里便浮起一层黄色：琉璃瓦顶是黄的，轿子是黄的，椅垫子是黄的……"

唐代三彩三足炉

宋代黄釉加彩印花瓷枕

元代青花瓷

清朝时，中央集权达到顶峰，作为生活用瓷的黄釉瓷在宫中的日常使用有着明确的等级限制。像里外黄釉龙纹的黄釉瓷只能为皇帝一人所用，帝后用的是里外都是黄釉的釉器，皇贵妃只能用内白外黄的釉器，贵妃用黄地绿龙器；嫔妃用蓝地黄龙器；等到了贵人、常在、答应，连带有黄釉的器具都不能使用，足可见清代皇家对黄釉瓷器的管控极为严格。

清朝黄釉瓷的使用具有明确的等级限制

　　就这样,黄釉瓷的发展起起落落,伴随着各朝各代的宦海浮沉,从不受重视到皇家御用,奠定了自己在陶瓷界的尊贵地位,也体现着自身和传统文化的紧密联系。小小的瓷器,不仅展现了一个时代的艺术审美,也化身为独特的艺术符号,体现着历史文化的变迁。

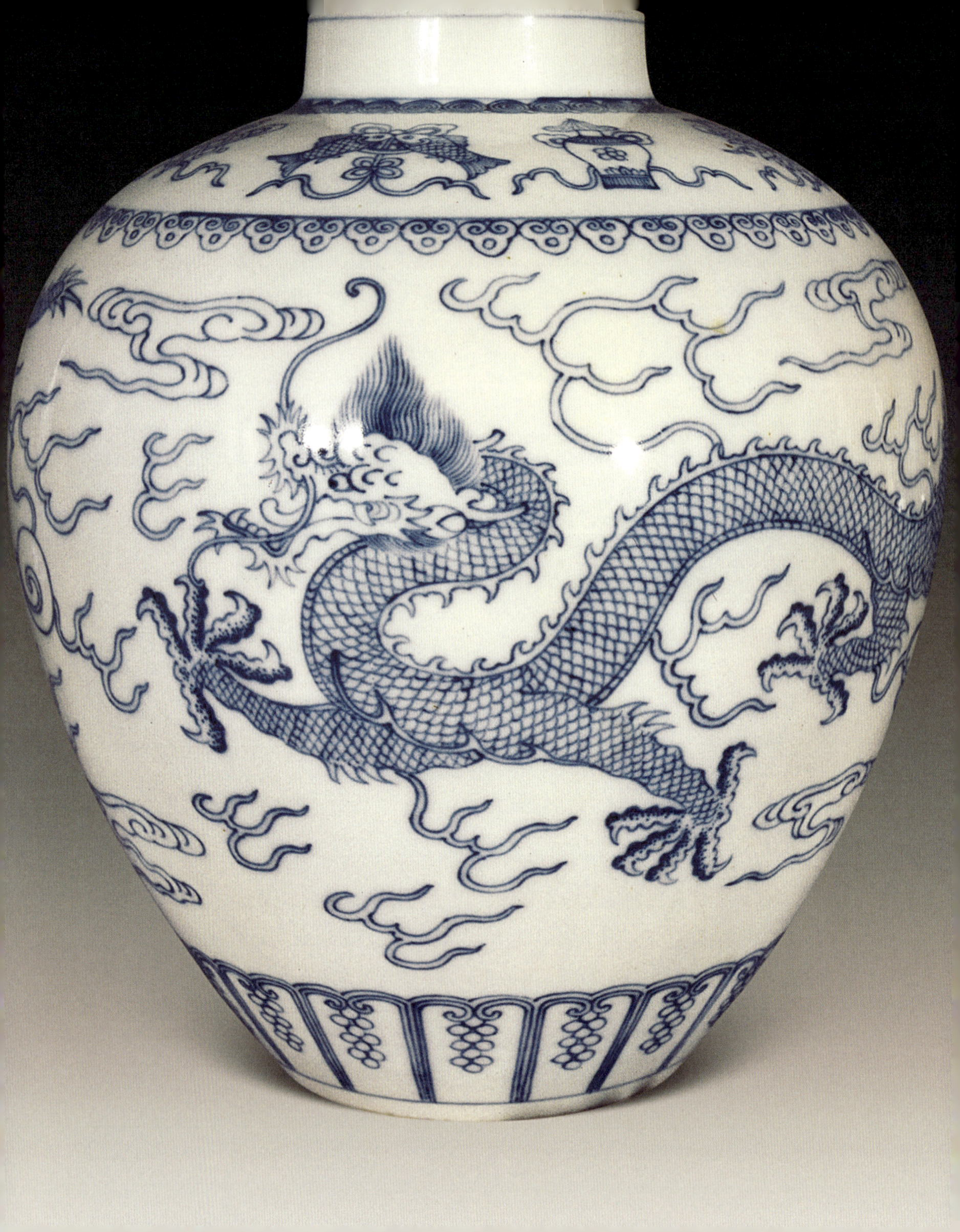

青花瓷
Qinghuaci

一件作品

青花瓷又称白地青花瓷，常简称青花。青花是我国陶瓷装饰中的一种方法，也是发明较早的陶瓷装饰方法之一，创烧于唐代，成熟于元代，于明代发展为主流，并在清代由盛转衰。

青花双狮戏球纹八棱玉壶春瓶是元代景德镇窑青花器的代表作。此瓶高32.5厘米，瓶口直径为9.7厘米，瓶底直径为9.8厘米。瓶体是明显的八棱形，瓶口大敞未封闭，瓶颈纤细而狭窄，瓶身浑圆大方，瓶底的圈足稍微向外撇开。胎薄而致密，釉细腻润泽。瓶身一共绘制了九层纹饰图案，瓶口朝内描绘了八朵寓意吉祥的云纹，瓶颈一圈由芭蕉树叶纹、回字纹、莲瓣纹铺就，瓷瓶圆腹的由两只威风凛凛的雄狮戏耍圆球的图案组成，它们翘首打闹，玩得不亦乐乎，围绕在它们身侧的是极具力量感的火焰、寓意吉祥的灵芝等物品，这些图案之下还分布了弧形方格钱纹、莲瓣纹、回字纹及水草纹。

这件青花瓷瓶造型流畅大方，纹饰图案鲜活灵动，青花色泽浓艳，是元代景德镇瓷器中的精品之作。

元代青花双狮戏球纹八棱玉壶春瓶

❀ 青花瓷的寓意

关于青花瓷的寓意，民间有这样一个说法：有人说青花瓷在中国是最优良的瓷器之一，那自然也就被视为良瓷。而良瓷在汉语发音中和"良知"的发音相近，所以凡是做瓷器的手艺人，都要轻轻地敲一敲青花瓷，听一听声音，提醒自己在入行后，时刻不要忘记听听自己的良知，检查它是否还在。

❀ 青花瓷的特点和用途

❀ 不同历史时期，风格各异

关于青花瓷是何时产生的，最常见的一种说法是其创烧于唐朝。从大唐盛世到清朝衰落，青花瓷是随着时代变化发展的，具有鲜明而多样的艺术风格。如元代青花粗犷豪放，釉色偏暗；明代永乐、宣德两朝的青花典雅秀丽，釉色浓艳幽深；清代乾隆时期的青花古朴浑厚，釉色厚重，无晕染现象。每个时期，青花都有自己的独特魅力。

元代青花云肩牡丹纹带盖梅瓶

明代青花枇杷绶带鸟纹盘

清代青花缠枝花果樽

款识各式各样

青花瓷上经常会书写一些文字与纹饰，具有特殊的标记意义，这些特色的款识各式各样，总的来说分为五种。

第一种是以记录年号为主的纪年类款识，通过书写、雕刻、盖印等方式进行，它在古时候应用较多。中国明朝永乐年间，瓷匠们开始用瘦劲挺拔的篆书，辅以莲瓣纹饰图案，在瓷器上做年号的标记。

纪年类款识——明代青花缠枝花卉纹豆

第二种是以刻录寓意吉祥词语的吉言类款识，采用纵横潇洒的行草进行书写，像寓意福寿安康的"福寿康宁"四字，寓意长寿富庶的"长命富贵"四字等，它们体现了老百姓们对美好生活的向往与期盼。这种落款形式，明代嘉靖、隆庆、万历三朝较为多见。

吉言类款识的青花瓷

第三种是书写姓名与堂名的堂名类款识，如果瓷器上有"白玉斋""若深珍藏"等文字，不仅说明这些瓷器是工艺精良的艺术品，而且还是当时个人收藏家的独有藏品。堂名款民窑多见，官窑少见。

"永源茂记"青花人物碗

第四种是赞颂款，主要是用来赞美、赞叹青花瓷器，这类属于赞颂类款识，如四字"今古珍玩""昌江美玉"。这类赞颂款都为民窑款。

第五种是雕刻纹饰图案的纹饰类款识，它又叫作"花样款"，是以图案来装饰器底，也是民间青花瓷的特色款识。图案多以简练为主，也有博古图、暗八仙、八吉祥等。这其中还有一种比较有代表性的民间作坊记号，是一种被称为"豆干款"的菱形框架结构，别称"花押"。

青花八吉祥纹扁壶

❀ 纹饰图案化与国画技法运用

青花的装饰很少会用简单的纹饰，而多是图案化的，运用连续、散点、开光等方法，使整个图案的完整度颇高。许多青花瓷器的中间部位还采用团花装饰手法，将大量花卉凝聚在一起，显得更加悦目，达到华丽纹饰与简洁纹饰相和谐的效果。青花装饰除图案化外，还融入国画的绘画技巧与手法，其中勾勒、晕染使用的较多，特别是民用的鱼盘，更是体现出了国画所追求的意境。也正因如此，青花瓷被认为带有浓厚的文化韵味而颇受赞誉，被视为文化融汇和积淀的成果。

青花瓷上的团花纹

官瓷、民瓷创作题材不同

我国古代的制瓷可分为官窑和民窑两大产商。因为制瓷的用意不同，官窑和民窑的瓷器产品也各有不同，这在青花瓷的体现上尤为明显。

官窑青花大多都是为朝廷生产的，不计较生产成本，只求精致雅观。所以，在装饰上繁密复杂，层层叠叠，最高的可达十几层，以此来彰显皇家的雍容华贵。另外中国传统美学比较讲求象征寓意的作用，所以官窑产品常用寓意显贵、高雅的装饰题材，像龙、凤、麒麟等进行装饰。

龙纹图案的青花瓷

民窑的生产情况与官窑有很大的不同。相比官窑，民窑在生产和装饰上受到很多限制，再加上民窑多是为了谋生，成本上会有诸多考虑，但这并不影响民窑产品的优质。

民窑的产品更有一种纯朴的传统美，采用了百姓喜闻乐见的、世俗化又富有情趣的装饰题材，像鱼、莲、戏曲人物故事等。同时，他们也要为产品找到又快又好的销路，所以装饰上虽简练却不失活泼，民族风格十分强烈，像蜡染、剪纸一般蕴含了独特的中国文化。

鱼藻纹图案的青花瓷

❀ 器型丰富

青花瓷的器型非常丰富，有方形、圆形、方圆结合形。按照器型的不同分为瓶类、尊类、罐类、花觚类、盘类、杯类等。其中，以瓶类为例，既有仿古的，也有创新的；在早期是瓶高、颈粗的，而到了晚期向瓶矮、颈短转变。其中，梅瓶是非常普遍的青花瓷瓶造型，它的瓶口相对狭小，瓶唇纤薄，瓶颈极短，还分为线条略显刚硬的平肩梅瓶和线条曲畅的溜肩梅瓶。

而青花瓷盘是比较常见的日用器皿，有圈足较高的高足青花瓷盘，有盘口如花瓣的花口盘，还有四四方方的方盘青花瓷等。

青花龙纹梅瓶

青花鸳鸯卧莲纹花口盘

❀ 用途广泛

日常使用。青花瓷的品类丰富,有青花碗、青花碟、青花盘、青花筷等厨具类用品;青花酒坛、青花酒杯、青花酒壶等酒具用品;青花茶托盘、青花茶壶、青花茶盏等茶具用品;还有青花砚、青花笔架、青花笔洗等文具用品;青花灯座、灯罩、浴缸、洗手台等照明卫生用品,青花屏风、花瓶、纸盘等陈设装饰用品……

青花茶具

可以说，青花瓷器覆盖了人们日常生活的方方面面，提供给老百姓们日常使用，极大便利了大家的生活。

青花盘

收藏。青花瓷工艺品制作不易，体现了精湛的工艺水平，在制瓷人的精心打造下，有着非常极高的艺术价值，它的流通价值极高，可用于拍卖与收藏。特别是元代青花瓷，流传至今的也不过300来件，因为过于珍稀，受到众多收藏家的追捧。在存世甚少的元青花瓷器中，绘有人物故事题材的更是凤毛麟角。2005年，一件画有鬼谷子下山图的元代青花瓷器在拍卖会上拍出了约2.3亿元人民币的高价，刷新了青花瓷的历史拍卖纪录，以它为原型而仿造的精品瓷器售价也在8000元左右。

元青花鬼谷子下山罐

一位有缘人

　　青花瓷的图案绘制融入了中国画的绘画画法和技巧，带有国画的意境。制瓷手艺人想要做出令人满意的青花瓷，不仅需要精湛的制瓷技艺，在绘画方面也要有一定的造诣。也正因如此，青花瓷的流传和发展更离不开制瓷手艺人的坚持和传承。

　　郑勇作为江西省非物质文化遗产青花瓷制作技艺代表性传承人，为青花瓷在当代的发展倾注了自己的全部精力。他独创的郑氏青花，引起了多方媒体的关注与争先报道，极大地推动了青瓷文化的发展。

　　年轻富有才气的郑勇不仅是江西省工艺美术大师，还是省内知名的陶瓷美术家。此外，他还兼任江西省工艺美术学会常务理事，南昌航空大学艺术与设计学院客座教授，并获得中国工艺美术学会会员身份。

景德镇景色

土生土长的景德镇人，或多或少与陶瓷有着千丝万缕瓜葛。1962年，郑勇出生在景德镇一个普通陶瓷工人家庭。虽也算有家庭环境的熏陶，但年幼的他并不了解陶瓷，直到他在1981年考入景德镇市技工学校陶瓷美术班之后，系统的学习才让他真正地了解了陶瓷。

在陶瓷美术班，从素描到色彩，从写生到下厂实操，泥与火的神奇，深深吸引着他，郑勇对制瓷产生了浓厚的兴趣。也就是从此时开始，郑勇立志要从事陶瓷行业。毕业后，郑勇在红旗瓷厂科研所（釉下五彩研究所）开始了釉下彩瓷的创作研究。

1987年，郑勇又以优异成绩考进景德镇陶瓷职工大学（现景德镇学院）美术系，继续脱产深造。在这里，有一批优秀的陶瓷名家执教，使得郑勇的理论基础更加深厚，审美和创作视野也开阔起来。毕业后，郑勇回到红旗瓷厂，但作为一个有想法的人，他觉得厂里的工作很难帮助自己实现创作梦想。于是，郑勇毅然离开工厂，开始自己闯荡。

青花瓷是景德镇传统名瓷，有着深厚的文化底蕴，一代又一代人传承与创新，赋予了青花瓷新的时代特色。郑勇决定从事画青花的职业仅仅用了几秒钟时间，然而面对如此成熟和高人辈出的画种，如何脱颖而出，他却用了半生的精力。

一开始，郑勇临摹古画，学习各家之长。多年努力之下，他终于渐渐能深入思考古画之中的奥妙，并汲取各家所长，自创出属于自己的一套专业技法。郑勇善用笔墨，一笔就能分出浓淡虚实，花鸟写意手法在他笔下运用自如，重峦叠嶂，寥寥数笔，结构尽显，而这些大自然中的美好形态都凝聚于郑勇的笔下，舒展成瓷瓶之上的美丽画卷。

郑勇自幼喜好诗词书画，他秉性聪颖，虚心好学，擅长以诗作画，诗歌在他的画笔下有了蓬勃的生命力，这些精美的场景都被他转移到了青花瓷上。

郑勇创作的青花瓷器，有着书卷气韵与艺术风情，灵秀大气。瓷器上的山水画作更是构图巧妙、布局和谐。郑勇会根据瓷器外形的不同，施以不同的笔法，通过巧妙的构图、完美的布局，与器型配合的相得益彰，以此表现出青花图案的美丽。欣赏瓷器的人不管从哪一个角度与范围浏览画作，都能看到一幅完整的画面。在他的笔下，花草木石仿佛都有了生命一般，精致秀丽；山川之秀、水流之灵、云雾之飘渺尽显无虞，恍若仙境。它们传统而内敛，具有鲜明的时代特征，使得青花瓷独具韵味。

在郑勇看来，云是山的衣裳，山川万千变化为云雾，山为人体云为衣，艺术家则是为山川设计时装的设计师。为了使陶瓷上的云山更灵动而充满韵味，郑勇从多方着手探究。他在绘图的过程中发现，传统的青花颜料很难让瓷器变得更加与众不同，为此他萌生了自己研发、配制青花颜料的念头。在专业青花颜料配制师刘书阁的帮助下，郑勇经过反复实践，终于配制出了新颖的青花颜料。但是，青花颜料变了，在窑烧的过程中却不能很好地显色。为了使研发的颜料能够烧制出适宜的釉色，他又苦学瓷器的烧制工艺，让专业的技术帮助实现新颜料的显色。

陶冶艺术情操、提升艺术修养是郑勇不懈的追求。郑勇怀着饱满的创作热情，用自己的画笔将它们仔细描绘在青花瓷上。花草鱼虫、山川河流、亭台楼阁，这些朝气蓬勃、变化万千的景致，时而给人们一种喜悦之情，时而给人一种壮阔之感，摄人心魄。这些极致的审美享受，在郑勇的作品中，表现得淋漓尽致。也因如此，更多人感受到了青花瓷的独特艺术魅力。

青花瓷上的山水

一门手艺

青花类属釉下彩，可分为青釉青花、本釉青花和白釉青花。青花瓷的制作以颜色如墨的氧化钴为着色剂，在瓷坯上绘画图案后，需涂上一层釉料，并放于温度极高的瓷窑里焙烧。这只是对青花瓷制作流程的一句话概括。完整的青花瓷制作工艺一共含有72道工序，每一道工序都极为讲究，每一个环节都关系着成品的最终品质，也许是制作工艺的繁杂，造就了每一件瓷器制品非凡的艺术魅力。

如若深入探究，以下几道工序极为重要。

❖ 选泥料

高岭土又被称为"白云土"，是制作青花瓷的最佳泥料，它盛产于江西景德镇境内，由山采的矿石捣碎、研磨、淘洗而成，质地细腻，颜色纯白，可塑性极强。

高岭土

❀ 揉泥

从山上开采而来的高岭土,经过研磨、淘洗、阴干处理后,还不能用于青花瓷的制作,必须通过揉泥处理。

揉泥的手法一般有两种:一种像和面一般用双手进行揉搓,另一种是用双足进行踩踏,目的都是将泥料揉踩均匀,排出多余空气,使其更加柔软、细腻,不容易干裂、变形。有经验的瓷匠通过一根铁丝切泥团,便可鉴别揉泥是否成功,合格的泥团切面没有气孔。

❀ 做坯

做坯也叫"拉坯",需要按照设计好的器型将泥料塑造成具体的形状,一般有纯手工拉坯与机器拉坯两种方式。

传统的青花瓷制作采用的大多是手工拉坯的方式,常用的工具有拉坯转盘、长木棍。拉坯师傅需要在旋转的转盘上,将柔软、极易变形的泥料,塑造成各种形状,被人们称为"旋转的指尖艺术"。

拉坯是否成功直接决定了瓷器成品的好坏,是72道制瓷工序中最难,也是最关键的一道,极为考验操作者的手艺。

中国古代瓷器制作拉坯场景还原

⊕ 印坯

　　拉坯完成后，需要将瓷坯进行轻微晾晒或阴干处理，待到半干时即可放在瓷器模具上，用手轻轻按压或拍打，让坯体变得端正均匀，这样的操作叫作印坯。

⊕ 修坯

　　印坯只能调整瓷坯的形状，并不能调整它的薄厚度，因此需要对瓷坯做进一步精修，使坯体薄厚适宜、表面光滑，器型更加圆润。
　　修坯也是在转盘上操作，使用的工具是特制的刀片，这道工序极为困难，需

中国古代瓷器制作晾坯场景还原

要操作的师傅保持气定神闲、力度到位，力度大了瓷坯极易损毁，力度小了又修不出理想的形状。因此，多一刀、少一刀都不行。

技艺高超的师傅可以将瓷胎削得如鸡蛋壳一般轻薄，堪称奇迹。

画坯

画坯指的是在瓷坯上描绘图案。如黑色墨水一般的氧化钴是青花瓷的着色剂，绘图手艺人可以用毛笔、画笔等工具蘸取颜料，并用它在瓷坯的表面上描绘出形状各异的图案。心灵手巧的画坯师傅，在短短几秒钟便能在瓷碗上绘出精美的茶花图案，宛若游龙的手法令人叹为观止。

中国古代瓷器制作画坯场景还原

❀ 施釉

青花瓷的白色透明釉是石灰碱釉，它是以氧化钙、氧化钾、氧化钠为助溶剂的釉料，其特点是高温下黏度大，不易流动，釉色光泽柔和、清澈透明。不过，在没有窑烧之前，它的颜色是乳白色的。

施釉分为里釉与外釉。例如圆形器，如果瓷器的内部没有图案纹饰，则需要上里釉，荡釉是上里釉的常见方法。荡釉需要把釉浆注入器物体内，将器物上下左右摇动，使釉浆均匀地涂于器物内表，然后再倒出多余的釉浆。

此外，所有的瓷器都需要施外釉，其施釉方法有喷、吹、浸、浇等，无论使用何种方法，只要将釉料均匀抹在器物表面便可。

中国古代瓷器制作施釉场景还原

⊕ 进/出窑

以上工序完成后，瓷坯便可以进行窑烧，将瓷坯放入窑中，看似简单的动作其中暗含门道。火窑中位置不同，温度和气氛也不同，不同的瓷坯上的釉料反应所需的温度也有所差异。若想烧制出理想的釉色，瓷坯在窑中的位置要合理分布。

用木柴烧窑是传统瓷器烧制的常见方式，使用的燃料是上好的松树，如马尾松。此外，还有电窑、半电半火窑等瓷窑类型。

瓷坯焙烧、冷却之后，即可开窑，这道工序也叫出窑。瓷器出窑后，师傅还需要对瓷器进行检验和打磨底足，这样一件凝结无数工匠心血的瓷器才算制作完成。

一方水土

　　景德镇风景秀丽、人杰地灵，是中外著名的瓷都，与广东佛山、湖北汉口、河南朱仙镇并称为明清时期的中国四大名镇。景德镇是国务院首批公布的全国24个国家级历史文化名城之一和甲类对外开放城市。此外，景德镇还是江西省重要的旅游城市和工业城市。

　　源远流长的历史文化，优越的自然地理环境，加上国家政策的大力支持，无不使这座古镇迸发出源源不断的生机和活力。

　　景德镇由于制瓷历史悠久，瓷器产品质地精良，对外影响大，"瓷都"两字成了景德镇的称号。当陶瓷销往海外，很多外国人都不知道这种东西叫什么，只知道来自昌南（景德镇古代的名字），于是将这种器物叫作"china"。于是，china成了瓷器的英文名字，单词的第一个字母大写就成了中国的英文名称China。由此可见，景德镇瓷器在世界上的影响和地位。

　　号称"江南靖士"的著名学者陈志岁曾作诗赞美景德镇："莫笑挖山双手粗，工成土器动王都。历朝海外有人到，高岭崎岖为坦途。"意思是千万不要嘲笑挖掘山矿的瓷匠双手粗糙，他们制作的瓷器曾经名震王都。各个朝代都有人从海外慕名而来，崎岖的山路也是坦荡的征途。这首诗以质朴写实的句子，形象地描绘了景德镇作为一代瓷都的历史印象。

景德镇风景

✦ 优越的自然条件和地理环境

❀ 瓷土、瓷石资源丰富

想要制作一件瓷器，金、木、水、火、土五个条件缺一不可。其中，尤以土和水最为重要。相较于陶器的制作，瓷器对于土壤的要求更为严苛。瓷土的本质是天然硅酸铝，而烧制高品质瓷器所需的高岭土更是少见。

幸运的是，景德镇地区拥有丰富的瓷土资源，其中包括瓷石和高岭土。在遥远的地质年代，景德镇地区是浅海区，经过大自然的鬼斧神工，浅海区形成了花岗岩岩体，此后，再历经地质作用和风化侵蚀，景德镇地区就形成了大量的瓷土资源。

瓷石不需要人工二次配制，景德镇的天然瓷石几乎涵盖制作瓷器胎体所需的全部元素，天然的瓷石无须任何配比，就可以在高温1200摄氏度以上，烧结成瓷。景德镇所产的瓷石，品相优良，含铁量极低，这种瓷石是生产青白瓷的上乘原料，如果再加一点草木灰，高温下还可形成一种天然的灰釉。

景德镇瓷石土

水运发达，交通运输条件良好

景德镇的瓷器要想获得收益和长足的发展，对外行销至关重要。景德镇虽位于丘陵地区，陆路运输并不发达，但它的水路运输却相对发达。主干河流昌江及其支流，是景德镇制瓷业原料、燃料、成品运输的生命线。昌江穿景德镇而过，为瓷器的外销提供了极为便利的交通运输条件。昌江下游直通鄱阳湖，出鄱阳湖往南经由赣江可直接到达广州和漳州，这两个地方正是元、明、清时期最重要的瓷器外贸港口。就这样，景德镇的瓷器在水运交通的帮助下走出家门，外销到世界各地。

景德镇地理位置偏僻，远离政治经济中心，可以给一种世外桃源的文化氛围，也避免了遭受战乱的侵扰，保证了工艺技术能够世代传承。

景德镇昌江河风光

❀ 得天独厚的地理环境，气候宜人

在用瓷土初步捏制成胎体后，最怕的就是遇到霜冻，严酷的霜冻会使得胎体颗粒松散，器型变形走样。这就需要制作瓷器的地方具备充足的光照、充沛的雨量，且无霜期长。景德镇地处江西省东北部，属于黄山、怀玉山和鄱阳湖平原的过渡地带，是典型的江南红壤丘陵地区，境内常年气候温和，四季如春，雨量充足，光照充分，且拥有很长的无霜期。种种有利条件，景德镇似乎就是专门为烧制瓷器所生。

❀ 制瓷历史悠久，深受帝王喜爱

作为中国的瓷都，景德镇的制瓷历史悠久。

景德镇在春秋时期，属于当时的楚国东边领土。秦始皇统一天下，行郡县制，景德镇时属九江郡番阳县属地。汉承秦制，景德镇归划于豫章郡鄱阳县。东晋时期，景德镇所在的地方被称为新平镇。隋灭而唐立，唐承隋制，行"道州县"三级行政区划制，唐高祖武德四年（621），新平镇属新平县治下，因为地处昌江以南，所以又叫"昌南镇"。唐玄宗天宝元年（742），昌南镇改名"浮梁镇"，这便是后来"浮梁瓷局"一词的由来。北宋时期，真宗赵恒命昌南镇烧造御器，器底书"景德年制"款，因瓷器质地优良，便赐名昌南镇为景德镇，这是历史上第一次出现"景德镇"三个字。从此，景德镇一直沿用至今。

据史料记载，"新平冶陶，始于汉世"，只不过在元代之前，景德镇的一代代工匠，都在默默无闻地制造着瓷器，景德镇瓷器的名声也不显于外。直到元朝，景德镇因烧青花瓷、釉里红和其他品种，成为全国的制瓷中心，走向了第一个高峰。至明朝，朝廷在景德镇设御器厂，专门烧造宫廷、皇家用瓷，清顺治十一年（1654）改称为御窑厂，景德镇继续成为明清两朝皇家瓷厂所在地。御窑厂一枝独秀，成为烧造时间最长、规模最大、工艺最精湛的官办瓷厂。

景德镇牌匾

◈ 工匠汇集，推陈出新

中国的陶瓷业发展到明代，景德镇的制瓷业成为全国瓷业的中心，钧窑、龙泉窑、磁州窑等名窑都在经过鼎盛之后日渐衰落，众多的工匠自要另寻生路。此时的景德镇因在元代烧制成功青花、釉里红等品种，正处于制瓷发展的巅峰期。"工匠来八方，器成天下走。"四面八方的工匠纷纷涌入，带来了各家之长，制瓷技术在景德镇汇集、发展、融合、创新，这也是它在明代崛起以致后来发展成"瓷都"的重要因素。

釉里红瓷器

青花瓷　　165

一段历史

元代在中国历史上存在的时间较短,仅仅98年,但元代瓷器在中国陶瓷发展史上却有着极其重要的地位。

元代之前,受儒家文化的影响,汉人多崇尚自然、和谐,讲究韵味、含蓄,对于瓷器而言,更加注重挖掘陶瓷的本质性语言,追求自然、淡雅、大方的艺术效果,因此当时的瓷器只依靠釉料本身含有的金属元素燃烧后成色,装饰手法也以刻花、划花、印花为主。到了元代,蒙古族统一中国,粗犷豪放、崇尚自由的游牧民族,喜欢华丽繁缛、线条明快的装饰,这一审美观念也很快体现在瓷器上。瓷工们改变了以刻、划、印花为主的装饰手法,用毛笔直接在瓷坯上作画,以笔墨的浓淡、干湿来丰富层次变化,形成明快亮丽的色彩、繁缛富丽的纹饰,给人以强烈的视觉冲击。这不仅是中国传统瓷器的单色调刻画装饰的重大突破,也改变了素瓷垄断中国陶瓷市场的地位。元青花的盛行使彩绘成为瓷器装饰的主要手段,也开创了素瓷向彩瓷过渡的新时代。

蒙古族征战浮雕

此外，景德镇的制瓷工艺在元代也发生了划时代的进步，由单一的瓷石到瓷石加高岭土的"二元配方"，提高了瓷器的烧成温度，减少了瓷器的变形率，增强了瓷器的硬度，提高了白度和透明度，开创了我国大型瓷器的烧制历史。

青花瓷器不仅色调优美，纹饰丰富，还是各种文化交融的产物，汉族文化、蒙古文化、伊斯兰文化等在青花瓷中都有体现。例如，青花瓷中的蓝、白二色，蒙古族将其看作是天空、白云的颜色，他们所信仰的教义中，也将蓝、白看作是天与善的象征，而汉民族文化中，"一虚一实"的艺术效果渗透出道教的哲学思想。元代的青花瓷正是吸收了这些优秀民族的文化，并在此基础上不乏创新，这种创新不仅体现在制瓷水平的不断提高，也有对青花原料、瓷坯原料的引进和对青花器型、纹饰等的调整、创新，使其更加符合蒙古族和汉族的审美标准，成为独具时代特色的青花艺术。

以白色为主的传统蒙古包

青花料是青花瓷生产的必需原材料，属于釉下高温颜料。青花料的质量和呈色控制技术决定了青花瓷的兴衰和发展。青花瓷的釉下花纹是以氧化钴料为着色剂来进行描绘装饰的，大体分为含锰量高含铁量低的国产青花料和含锰量低含铁量高的进口青花料。国产的青花料主要有平等青、石子青、浙青、珠明料；进口料则主要是苏麻离青和回青料。

一般来说，元朝时期，官窑多使用进口青花料，且优先用于大型器物；民窑产品与小件器物常用国产青花料。进口青花料中锰的含量比较低，这样的青花料不会闪绛色，但铁含量比较高，因此釉面会产生黑色斑点。进口青花料烧成的青花极为浓艳、好看。国产青花料烧成的青花不如进口青花料那么浓艳，颜色也比较素雅，由于含铁量低，所以没有黑斑产生。

青花瓷自元代繁荣以来，基本沿着两个体系发展：一个是官窑体系，一个是民窑体系。元、明时期，景德镇官窑都曾有过很辉煌、兴旺的阶段，也很有成绩。到了清代前期，无论是官窑还是民窑，无论是产品造型、装饰技法还是装饰题材、装饰风格，都达到了"参古之世，运以新意，佣诸巧妙，于彩绘人物，山水，花鸟，尤各极其胜"的极度繁荣境界，制瓷技术几乎达到了炉火纯青、出神入化的地步。

使用苏麻离青制作的青花瓷

景德镇官窑制瓷产品蓝地白花盘

一袭传统

周杰伦的歌曲《青花瓷》，曾经风靡大街小巷，在他的歌中，青花瓷是朦胧的天青色，像极了江南袅袅炊烟泛起时的飘逸绝尘……

人们常说青花瓷是文化积淀的产物，元代青花瓷备受人们的青睐，与其在粗犷的少数民族文化下呈现出的精致淡雅相关。汉族文化、蒙古文化、伊斯兰文化的相互交融，使得元代青花器也具有更加独特的魅力。

青花瓷瓷瓶上的纹饰非常丰富，并未因统治者是少数民族而受限。常见的纹饰图案是动植物类，如威风八面的神龙、祥和高贵的凤凰、灵动俏皮的小鹿、振翅高飞的白鹤、修长挺直的翠竹、耐寒淡泊的苍松、凌霜傲雪的梅花、娇艳动人的海棠、雍容华贵的牡丹等。如玛瑙般的葡萄，珍稀难得的八宝等水果、宝物类的纹饰，常常被绘制在青花瓷鲜艳的中间部位。此外，有吉祥寓意的莲花缠枝纹，佛教常见的回字纹，由忍冬、荷花、兰花、牡丹等花草组成的卷草纹，形似钱币的钱纹，形似芭蕉叶的蕉叶纹等，也常常用于青花瓷的装饰。

缠枝莲纹

芭蕉纹　　　　　　　　　　　　　花果纹

　　除了纹饰，还有人物故事。也许有人会问，人物故事是怎么搬上瓷瓶的呢？的确，瓷器上出现人物故事并非偶然，这与元代戏曲、版画的发达密切相关。所谓"唐诗宋词元曲"，元曲的发展为瓷器的绘图提供了大量的素材，这自然也会对瓷器装饰产生影响。

　　江苏南京曾是南朝宋的旧都，这里曾出土过许多瓷器，其中有一个硕大、挺拔的青花瓷瓶引起了人们的关注。该瓷瓶以萧何月下追韩信的历史典故为装饰图案，实在令人咋舌惊叹。画面上明月当空，松石错落，花木掩映，人物表情焦灼，催马急奔，青花釉色时浓时淡，笔墨流畅有力，极具中国画的笔墨之韵。

元代青花瓷和戏曲的完美结合，使其富有十分鲜明的民族特色；而中国画的笔墨之韵，追求意境的工笔也显示出深厚的文化底蕴。瓷器的诞生离不开能工巧匠的精湛技艺和设计巧思，将源远流长的文化运化于笔端，既体现出中华民族的一脉相承，也寄托了中华民族的审美观念和情怀。青花源于生活，却超凡脱俗，它所展现出的魅力是一个时代的信仰，一个民族的追求，一袭传统的传承。

元代萧何月下追韩信青花梅瓶

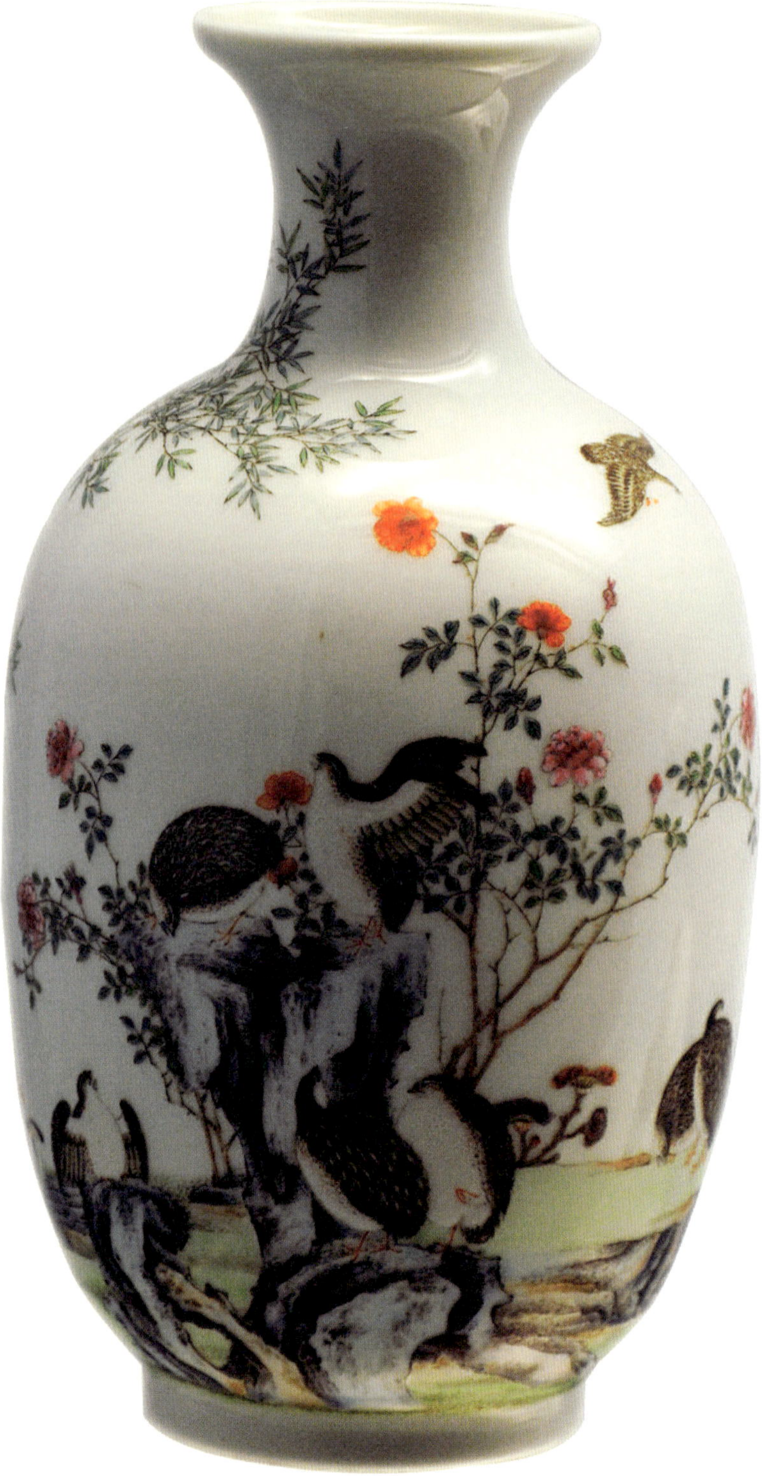

珐琅彩瓷

Falang Caici

一件作品

珐琅彩瓷是瓷器中最为精美的彩瓷器，风靡康熙、雍正、乾隆三朝，直到清朝末期仍有烧制，但数量已经越来越少了。

出自清朝乾隆年间的珐琅彩缠枝莲纹双连瓶，现收藏于北京故宫博物院。高17.5厘米，口径6.8~4.8厘米，足径7.5~5.1厘米。瓶体双身连体式、洗口、束颈、溜肩、圆鼓腹、下腹内收、圈足微外撇。附盖，盖钮、盖边及盖口均涂金彩。瓶里和足内施豆青釉。瓶外通体以蓝、紫两色为主体进行彩绘，左右两边由盖至底足色彩相互交错，并使用轧道工艺，其上绘黄、白、绿、红等折枝花。外底署青花篆书"大清乾隆年制"六字单行款。此瓶设计精巧，造型秀美，在轧道色地上绘花卉图案展现出了铜胎画珐琅之效果。

珐琅彩瓷后来被"瓷胎画珐琅"名称所代替，因烧制瓷器时工匠将这类色彩艳丽的珐琅彩料画在瓷胎上而得名。

这种新式的彩瓷从康熙时期的色浓庄重到雍正时期的清淡素雅，再到乾隆时期的精密繁复、雍容华贵，可以说将珐琅在瓷胎上作画的效果发挥得淋漓尽致，尽显皇室的尊贵与威严。

珐琅彩缠枝莲纹双连瓶

中西之韵

清朝时期，中国基本不生产珐琅彩瓷所用的彩料，宫中所有的珐琅彩瓷的彩料都是从西方进口的。陶瓷上为了有堆凸的感觉，所以工匠们施彩会比较厚，但如果做工不够精细，堆凸的地方可能就会出现细小裂痕。西方的彩料、东方的技艺，两者融合，形成了风靡一时的珐琅彩瓷。

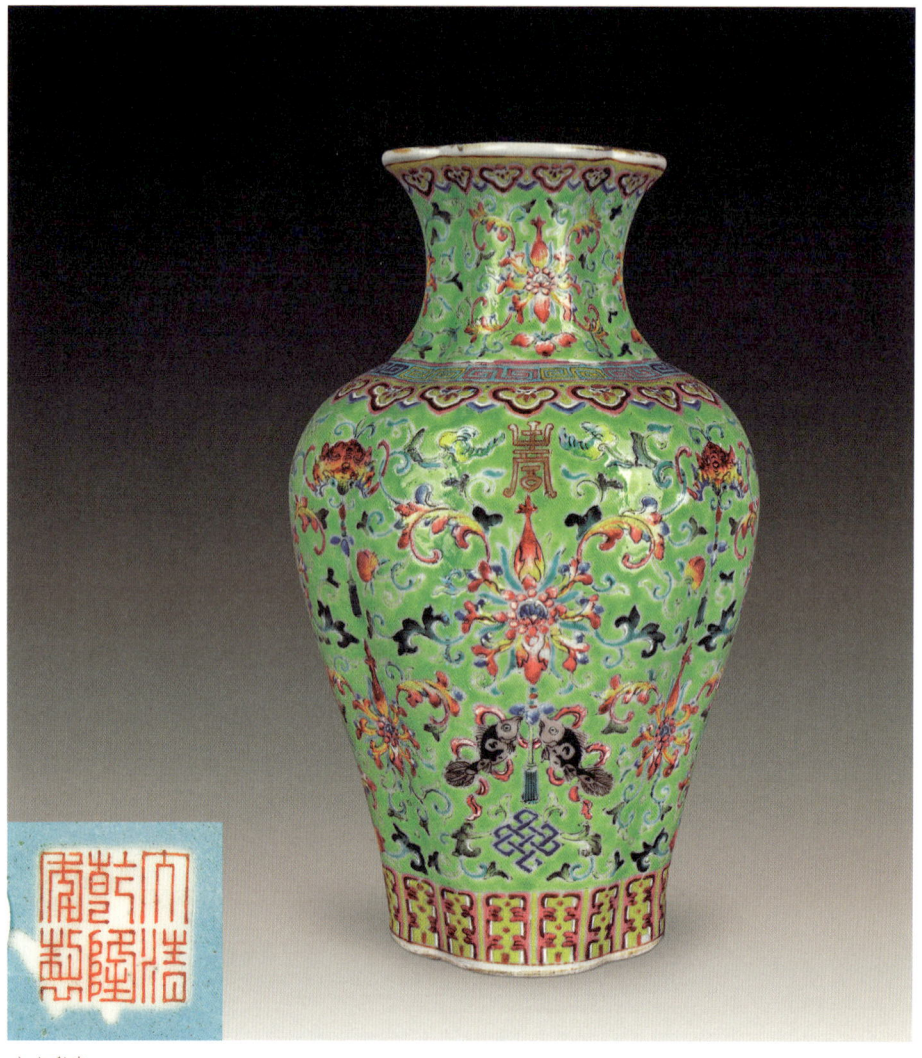

珐琅彩瓷

✥ 反瓷

　　反瓷一名的由来源自瓷器做法的不同。瓷器的外壁为涩胎，在内壁施釉的做法，被人们称为反瓷。制作珐琅彩瓷时，由景德镇御窑厂提供的瓷胎仅是在器物的里面和底足内部施釉，器物的外壁则涩胎无釉；然后将这样的瓷胎送到清宫造办处，由匠人在外壁上按色彩作地，即上底色后，再利用各色颜料勾画图案。

✥ 整体特征

　　珐琅彩瓷以小件为主，很少有超过一尺大小，比如日常见到的烟壶、小瓶、碗等日常用品，这类珐琅彩瓷有瓷胎细薄、完整无缺等特征。它们的底釉纯白，釉面光滑洁净，不偏青带黄，没有瑕疵。在色彩上，鲜艳柔和，色种繁多，同一器物上可出现七八种颜色，也有出现十多种颜色的。

　　色料特点是珐琅彩瓷的一个显著特征。珐琅彩瓷的每一图案都是由多种不同的色料调配而成的，表面光滑，色泽有质感，非常美观。上釉料略微高出底釉1毫米左右，还能让瓷器的底釉更加有立体感。此外，珐琅彩瓷还有一个用肉眼看不出的现象，如果用十倍放大镜细细观察它，可在图案的每一片花瓣和小叶上看到极小的开片纹，这也是珐琅彩瓷最重要的一个特征。

　　珐琅彩瓷在绘画、纹饰和款识上，各个时期又有所不同。珐琅彩瓷在康熙、雍正、乾隆三个时期风靡一时，也是在这个阶段从初创走向繁盛。这三个时期珐琅彩瓷绘画、纹饰和款识上的特点基本可以囊括这一瓷器在这方面的变化和独特之处。

珐琅彩瓷色种繁多

康熙时期——初创阶段

康熙时期是珐琅彩瓷器的萌芽期，工匠们主要是以模仿铜胎画珐琅制作珐琅彩瓷器。这个时期的珐琅彩瓷器，不论从纹饰布局、色彩搭配还是从款式样式，都有铜胎画珐琅的影子。因此这个时期被称为珐琅彩瓷器的初创阶段。

虽说是初创阶段，珐琅彩器的画也有很多工笔画，对工匠的画工要求也特别高。康熙时期珐琅彩器的画有一个特点：有花无鸟，

铜胎画珐琅开光西洋人物天球瓶

喜欢勾画缠枝的大牡丹、大月季、大莲花等，然后在花的中别分写上一些祝寿语，比如"万""长""寿"等。在颜色方面，这个时期的珐琅彩主要有红、黄、蓝、绿、紫等颜色。这种色调搭配导致画的丰富性要比后来的雍正和乾隆时期要差一些。

康熙时期最初的瓷器款识是被禁止的，直到康熙四十年左右才开放瓷器写款识。写款识开放后，瓷胎画珐琅一般写于瓷器的底部，文字基本为"康熙御制"，以两行落款，颜色是蓝色或者红色。文字周围会有两线方形边框，边框线一般是外粗内细。当然也有单线方形边框和双线圆圈边框。

珐琅彩缠枝牡丹纹碗

胭脂红地珐琅彩莲花团寿字碗

"康熙御制"款识——蓝底珐琅彩缠枝牡丹纹碗

❀ 宜兴胎画珐琅

　　康熙朝宜兴胎画珐琅器的款识则有所不同，虽然也是以"康熙御制"落款，但落款文字彩料颜色是黄色。文字边框还有海棠花式的双线框。

宜兴胎画珐琅五彩四季花盖碗

台北故宫博物院收藏了许多宜兴胎画珐琅器，比如有盖罐、双耳壁瓶、盖碗等，这些器物的装饰题材多为花卉。宜兴胎画珐琅中有直接在紫砂胎上彩绘的，也有先在胎上涂抹褐色彩作地，然后再进行彩绘的。褐色彩的颜色不仅与紫砂的颜色十分相似，仅施于器物外壁，使器物表面的光泽增强。

⊕ 雍正时期——走向繁盛

雍正时期的珐琅彩瓷已经相对成熟，不仅彩料使用更加丰富，而且造瓷工艺也更加精湛。

造瓷工艺精湛体现在，这个时期更多采用了白地彩绘，而不是有色地彩绘。白地彩绘相对于有色地彩绘，更加能突出雍正珐琅彩釉花鸟、竹石、山水等景物的艳丽。在彩绘景物时，这个时期的工匠还会配上一些诗句，诗句等与景色融为一体，显得更加高雅脱俗。雍正时期还独创了单色彩绘，比如墨彩、深蓝等，颇有中国特色。

雍正时期珐琅彩瓷——珐琅彩墨竹图碗

雍正时期和康熙时期在款识上，除了由"康熙御制"变为了"雍正年制""雍正御制"以外，雍正时期的款识还用了两种字体：一是仿宋体，一是楷书体。"雍正年制"为仿宋体，"雍正御制"为楷书体。

"雍正年制"款识——胭脂红地珐琅彩山水花鸟图模印鹭

乾隆时期——继承与创新

仔细观察乾隆时期的珐琅彩瓷会发现，这个时期的工艺制造不够严谨。在色彩上，乾隆偏爱粉色。所以，粉彩造瓷得到长足的发展，珐琅彩却有些倒退。在粉彩和珐琅彩的过渡阶段，出现了粉彩兼顾珐琅彩的精彩瓷器，制作技艺也十分精湛。过渡之后，明朝时期一度失传的轧道工艺再度出现，不过这个工艺已经不再是珐琅彩，而是绿里粉彩。

乾隆时期的珐琅彩瓷的绘画装饰题材较雍正时更加丰富，除了山水花鸟外，还有中国或西洋人物、山水、人物和西洋女人为主，以及受西方"洛可可"艺术风格影响的各种洋花图案。那些雍正时期盛行的诗、书、画、印相结合的白地珐琅彩瓷继续生产，所提的诗句和闲章与雍正时期大同小异。而在这个时期新增的各种色地、色地开光、色地轧道珐琅彩瓷器，图案繁复，不留空白，不题写诗句。

在年款、款识方面，凡是诗、书、画、印相结合的珐琅彩瓷，一般为"乾隆年制"四字双行蓝料彩印章式"宋椠体"或楷体款，外围有双线方框。但那些相对较小的瓷如小瓶、小杯等，由于底部署款的空间狭小，款识周围便不加框栏。还有一种蓝料彩四字双行篆书款，外围双线方框，框线外粗内细，多见于瓶类器上，由于这种器物所绘图案较繁密，没有题诗和闲章，器内和足内均施松石绿釉，款识署在松石绿釉地上。

"乾隆年制"款识——珐琅彩花卉纹盘

乾隆款珐琅彩芍药雄鸡纹玉壶春瓶

一位有缘人

❀ 帝王授意首创——康熙帝的钟爱

珐琅彩瓷是集中西之韵的彩瓷。早在17世纪初,法国传教士第一次将画珐琅器供奉给康熙帝时,康熙帝便被画珐琅器的优美造型和绚丽色彩深深吸引。于是,康熙帝决定要将珐琅这种装饰运用到他最爱的瓷器上。

在康熙的支持之下,中国的工匠努力钻研,力求掌握这门技术。于是,广州和北京内廷珐琅作坊的工匠分别在两地试烧画珐琅,经过大约10年的时间,成功地烧制出了中国的金属胎画珐琅器。

康熙五十八年(1719),法国画珐琅艺术家陈忠信被召到内廷指导画珐琅器的生产。在中外匠师的共同努力下,宫廷造办处很快熟练掌握了金属胎画珐琅烧制技术,并烧造出一大批具有浓郁宫廷韵味的金属胎画珐琅器。同时,造办处珐琅作坊还尝试着将这种技法移植到瓷胎上,于是便产生了瓷胎画珐琅,即现在所称的"珐琅彩"或"珐琅彩瓷"。

铜胎掐丝珐琅缠枝莲玉壶春瓶

清代陶瓷艺术大家——唐英

唐英在中国陶瓷发展史上有着重要贡献。他是清代陶瓷艺术家,艺术造诣颇高,不仅能文善画,而且书法篆刻样样精通,连制瓷也是个不折不扣的行家。他曾是内务府员外郎,也就任过景德镇御窑厂协理官,为雍正和乾隆两朝皇帝烧制瓷器。由唐英主持制造的瓷器样样精美,符合雍正、乾隆两朝皇帝的审美,因此他也特别受到这两位皇帝的赏识。

由于唐英供职内务府多年,潜心钻研陶瓷并亲身实践,在珐琅彩瓷器的烧造方面有着丰富的经验。同时,他对皇帝的审美十分了解,宫中生产珐琅彩瓷器需要什么样的白瓷胎自是了然于胸。因此,他到景德镇后,向宫廷造办处提供了大量供烧珐琅彩瓷器用的极其优质的白瓷胎,深得帝王的信任。因其前后管理景德镇御窑厂二十余年,乾隆年间的官窑也被人们称为"唐窑"。

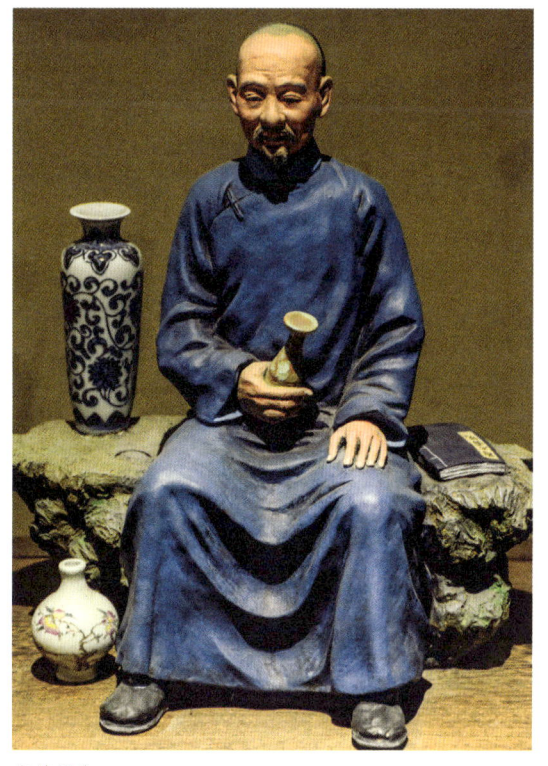

唐英塑像

唐英到景德镇御窑厂后,除了向造办处提供白瓷以外,还推荐画画人到造办处供职。唐英本人就是画家,经他挑选的画画人,善画是一方面,更重要的是具备在瓷器上绘画的丰富经验,这些人进入造办处后,与宫廷画家切磋配合,使珐琅彩瓷器的生产日趋精进。

在唐英的督办下,乾隆斗彩瓷器,器型变化多端、装饰富贵华丽、色彩绚丽缤纷;纹饰图案多以缠枝莲花、双鱼、灵芝等吉祥物组成,主要器型有碗、盘、瓶等。

唐英制作的各种釉彩大瓶

　　1756年，唐英去世，景德镇官窑在一段时间后，开始出现了衰退的迹象。

✦ 为珐琅彩瓷倾注一生的非遗匠人——覃淑琴

　　覃淑琴是景德镇珐琅彩瓷非物质文化遗产传承人，她在30岁成立了个人工作室宝蕴阁，专门研究康熙、雍正、乾隆三朝的珐琅彩瓷技法，是景德镇的顶级珐琅彩瓷匠人之一。

覃淑琴从十几岁学徒开始就在瓷厂里画瓷器，她一直对手工制瓷抱有信仰，"手工已经是这个城市对瓷器的一种信念和习惯，没有手工手绘的景德镇就称不上是景德镇了。"覃淑琴在接受采访时说道。

传承和创新一直是覃淑琴坚守的两个主题，她希望自己在传承珐琅彩瓷的同时能够结合当下人们的爱好需求，烧造出更具创新色彩的珐琅彩瓷，使现代珐琅彩陶瓷相对于历史更具有艺术的魅力和感染力。她的每一件作品不仅是为了作品而去创作，更是把自己的诚意和对艺术的感悟融入作品中，她以敬畏之心去做陶瓷，每一个都绽放着生命的初衷，只要上手细看，便能在精湛的工艺上看出她对陶瓷的认真与虔诚，从而悄无声息地被作品的美所深深吸引。

覃淑琴的技艺十分精湛，成功地还原了清三代珐琅彩瓷的制作技艺，以及唐英时期的仿真纹绘制技法，还研发出多种灿烂的珐琅彩瓷釉色，成功将几乎所有瓷胎珐琅彩瓷釉色移植到紫砂胎上，为紫砂胎珐琅彩大大丰富了图案品种。她的作品造型考究、做工唯美精细、品质典雅华贵，是陶瓷文化的传统与创新的转变与传承。

现代珐琅彩瓷器

一门手艺

珐琅彩瓷在众多陶瓷品类中有着"彩瓷皇后"之称。作为皇室宫廷的特有瓷，珐琅彩瓷极其珍贵。

珐琅彩瓷因使用的颜料名称为"珐琅"而得名，不过很多人也称这种颜料为"发蓝"或"拂郎"等。珐琅颜料的制作过程很复杂、烦琐，主要是用石英、长石、硝石等矿石作为主要原料，然后加入一些金属氧化物作为调色剂，再烧制研磨成粉便可以。工匠们将珐琅彩料画在瓷胎上便得到了瓷胎画珐琅。

珐琅彩瓷的胎质制作要求非常高，不仅要胎壁均匀规整，而且要厚度适合。这样的胎质施上釉后，釉色才能更加洁白。

珐琅彩瓷的制作过程比其他宫廷瓷器更加严格，需要先烧制瓷胎，这个过程在景德镇完成，然后进行彩绘，最后是在炉中继续烧制而成，彩绘和烘烧的工序都在内务府造办处内进行处理。康熙珐琅彩瓷全用进口彩料，尤其是其中一种玫瑰红或胭脂红色料，因含有微量的黄金而呈现出与众不同的娇艳效果。另外，中国传统彩瓷的彩料都用清水或胶水调和，而珐琅彩则与西方油画一样，以油来调配彩料，并且有一定的厚度，使得彩绘更具有立体感和层次感。

制作珐琅彩瓷的矿石原料——石英和硝石

有史料记载，雍正六年（1728），宫廷造办处新研制出的珐琅料多达9种。珐琅彩料数量品种的增加，丰富了珐琅彩瓷器的表现手段，也使得国内珐琅彩瓷器的生产不再需要从西方国家购进珐琅釉料，完全满足了制瓷匠人日常创作的需要。

乾隆时期珐琅彩瓷器所用的白瓷胎仍由景德镇御窑厂提供，大量的彩绘和烘烧仍是在造办处内完成。但也有例外，有一些小型器物如五彩瓷碟、瓷碗，在景德镇御窑厂完成彩绘、窑烧这两道工序。

珐琅彩瓷的制作工艺精湛，集往昔陶瓷的优点于一身。无论是外观的设计，原料的选取，还是瓷器上的绘图，都十分讲究，具有极高的艺术审美价

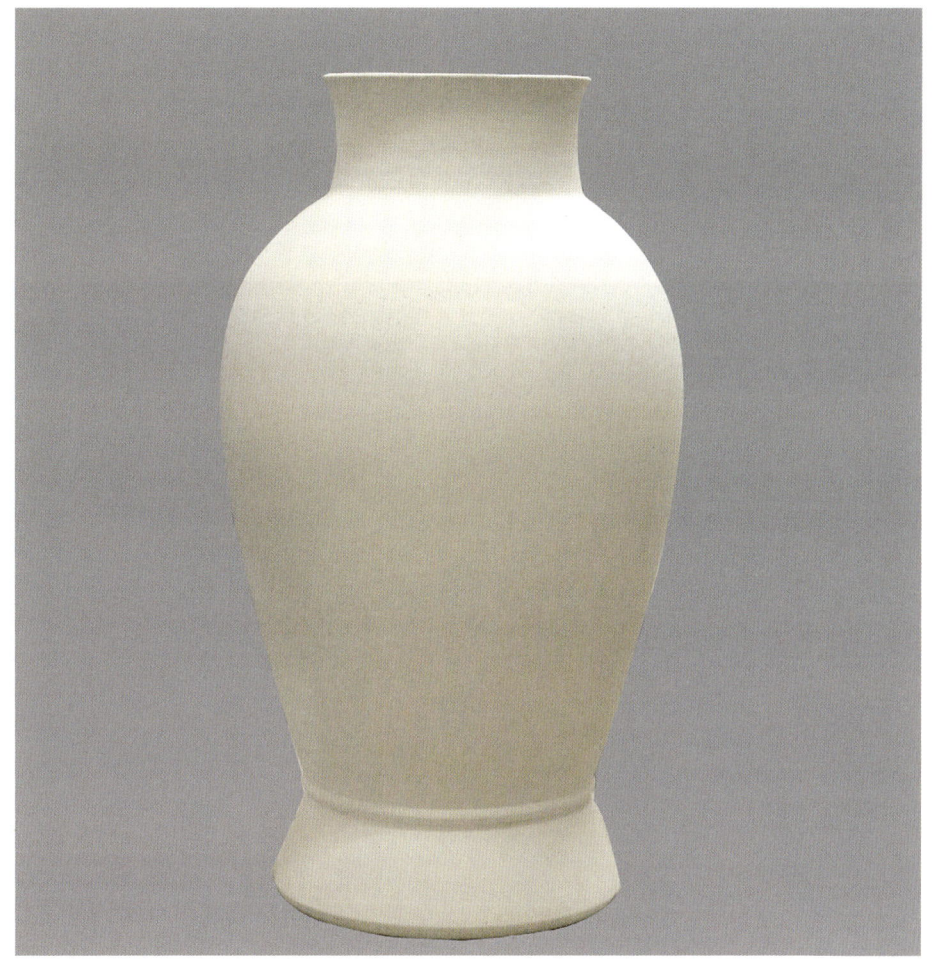

瓷瓶白胎

值。然而，优质的珐琅彩瓷制作极为不易，花费的人力、时间成本非常高，但乾隆年间还是涌现出许多精美的珐琅彩瓷经典之作。乾隆中期，多地爆发农民起义，国力下降，后期国家财政低迷，因而珐琅彩发展极为缓慢，甚至一度停滞。到嘉庆年间，珐琅彩即随之停烧，其制作技艺也宣告失传。

珐琅彩瓷制作工艺之困难，主要体现在窑烧这一道工序上。因为呈现釉色的最佳温度与瓷坯所能承受的最大温度极为接近，烧窑工匠对于窑内温度的把握与瓷坯的薄厚程度，都会影响到珐琅彩瓷的焙烧。例如，巧夺天工的瓷胎画珐琅——鼻烟壶，它的制作需要施釉多次，窑烧多次。窑内的温度不够高，瓷坯上的釉料很难进行氧化还原反应，瓷器的颜色便无法呈现出最佳效果；若是窑内温度过高，瓷坯可能会龟裂、变形，甚至破碎。

珐琅彩瓷的窑烧，需要充分考虑到瓷体的大小、瓷坯的薄厚程度，根据两者的不同调节窑火大小，调至需要合适的温度与气氛。哪怕是经验丰富、技艺娴熟的窑工在烧制瓷器时，也只能一次性烧制一件瓷器。窑烧的过程中，稍有不慎便会前功尽弃。

清早期瓷胎画珐琅鼻烟壶

谈及乾隆时期的珐琅彩制瓷工艺，不得不说锦灰堆工艺和轧道工艺。这两种装饰工艺都出现在乾隆时期，技法刻花极其繁复，集尽奢华之能事。

❀ 锦灰堆

"锦灰堆"是一种独特的纹饰图案雕绘手法，它以一定的花纹出现在彩色的画面当中，常见的花纹有变幻莫测的织锦纹，瑰丽交错的丝绸纹，因为纹路中描绘有形态各异的花卉图案，所以人们称这种技法叫"锦上添花"，它在乾隆年间十分流行。

❀ 轧道工艺

轧道工艺是清朝乾隆年间制瓷手艺人创新的一种装饰技法，它用木杆绣针在瓷坯表面刻绘出细如毫发般迂回的轧道，轧道之上绘有类似锦地纹的凤尾状纹与各色花卉纹案，有着近似铜胎画珐琅的艺术特征。根据清宫内务府史料记载，这种装饰工艺运用起来颇费时间与精力，常用于粉彩瓷器上，寓意为"锦上添花"，工匠们也称此种技法为扒花。乾隆末期，琳琅满目的珐琅彩逐渐退出历史舞台，这种装饰工艺也随之被弃用。

轧道工艺的体现——珐琅彩双环瓶

一方水土

正如在前面提到的，珐琅彩瓷的制作需要在两个地方才能完成。景德镇虽为官窑，但在珐琅彩的制作中，更多的是提供优质的白瓷胎，而绘画和烘烧则多在造办处珐琅作完成。正因珐琅彩瓷的皇家御用的独有地位，造办处承担了更多的关于珐琅的技艺，包括珐琅料和珐琅色的创新。

◈ 清宫造办处

清宫的造办处又被称为养心殿造办处，是清朝康熙皇帝在养心殿建造的专门制作皇家御用品的机构，由掌管宫廷事务的最高机构内务府管辖。直到清朝末代皇帝溥仪时，造办处已经为皇家服务了两百多年。

北京故宫养心殿内景

造办处存放着许多真实的史料，它们为后世学者研究清朝历史文化和中外文化关系提供了良好的基础。这些史料翔实地记载多种多样的宫廷御用品的信息，包括一些指导性的文书资料，如皇帝的谕旨，极大地方便了文物考古学家们对清廷遗留下来的文物进行深度的研究。

造办处内成立的作坊众多，前后有60多个，每个作坊制作、存放的物品都不一样。有专门制作玻璃制品的玻璃作坊，有专门制作珐琅器的珐琅作坊，有专门制作时钟的自鸣钟作坊，还有为了摆放西方国家先进科技物品而建的如意馆等。造办处拥有各类技艺的能工巧匠，这些匠人有的来自西方国家，有的来自中国民间，制作御用品时不计成本，只是为了迎合皇帝的喜好和需要，尽显皇家的奢靡之风。

造办处不仅为皇家生活提供日常生活的物品，还对宫廷建筑、器物进行维修、保养，甚至还可以生产制作一些兵器、工具等，业务范围相当广，具有实际的权力。如此广泛的业务，造办处很难依靠宫廷内的人力、物力全部完成，而是将一部分业务分派到全国各地完成。因此，除了宫廷内的作坊，宫墙之外的景山、圆明园等地方都设有专门从事御用品制作的作坊，甚至一些特殊的工艺皆由造办处设计画稿、图样，然后分发到全国各地的御用作坊制作成品，像杭州、苏州、江宁一带都有这样为皇家服务的御用作坊。

珐琅彩的图案大多都由造办处的如意馆画样，再由珐琅作的画师以珐琅颜料绘制在景德镇送来的白瓷胎上上釉、烘烧，足可见造办处在珐琅彩瓷制作中的重要地位。

圆明园一角

官窑景德镇

景德镇窑是中国传统窑炉之一,它有诸多窑口,因诞生在江西景德镇而得名。

景德镇被誉为"瓷都",从事瓷器生产、销售的历史久远,有着完备的陶瓷产业体系,广泛的国际影响,它因瓷器的生产而诞生,因瓷器的普及而发展,也因瓷器而久负盛名。中国古代窑口众多,单单在宋朝就有六大窑系。而景德镇窑是在烧造出青花瓷后才日渐兴旺起来。明朝时期,景德镇便已经有皇家亲设的御窑厂,烧制的瓷器主要提供给宫廷使用。除了青花瓷,御窑厂还生产、制作各类单色瓷器。

清代康熙到乾隆时期,御窑厂的监窑官们对景德镇的发展起到了促进作用。此时,景德镇的制瓷工艺发展迅猛,在中国制瓷历史上留下了浓墨重彩的一笔。乾隆中期以后,随着中国社会政治经济状况的急转直下,特别是清晚期内忧外患的局面,使得整个社会陷入风起云涌的困境,这个时期的景德镇制瓷业相比康乾时期,也渐渐衰弱起来,直到中华人民共和国成立后,才重新获得了发展的生机。

景德镇瓷器种类繁多

一段历史

❀ 珐琅彩绘画法的起源

珐琅彩瓷器精美绝伦，瑰丽无比，但是构成瓷器绚丽色彩的珐琅却源自西方。11世纪时，西方法兰德斯地区经济发展迅猛，拥有着大批财富，300年过后，一个名为里摩居的小镇因为制作珐琅手工艺品而获得了蓬勃发展。

康熙二十二年（1683），朝廷任命施琅为福建水师提督，率兵收复台湾，并设立了台湾府进行管理。康熙二十四年（1685），国家废除"禁海令"，中外贸易迎来了大发展。在这样的契机之下，众多西方商品由海外传入中国本土，其中便包含珐琅手工艺品。这个时期的珐琅手工艺品，虽然制作粗糙，釉料显色差别极大，但是具有独特的西方艺术之美。当时的国人觉得珐琅工艺品十分新奇，西方商人还在广州一带建立厂房，专门研发生产这类瓷器。

施琅收复台湾

珐琅彩瓷　　197

1719年之前，清朝内务府早就接触到了珐琅技艺，但造办处的珐琅工匠并不精通此法，为了提升工匠们的手艺，时常盛情相邀西方精通珐琅工艺的大师到宫内展开培训，工匠们慢慢地也成功制作出了精美的珐琅彩瓷器。

❀ 乾隆晚期走向衰落

乾隆中期时，国家经济实力雄厚，珐琅彩瓷器的打造极尽奢华，但发展到乾隆晚期，珐琅彩瓷的产量大减，几乎不再生产。

影响珐琅彩瓷走向没落的原因有很多。一方面，珐琅彩瓷的制作工艺精湛繁杂，原料采用的是最佳的白瓷胎体，珐琅釉料是从西方购入，画稿由当世画家设计，稍有不慎，制瓷工艺水准便直线式下降。另一方面，乾隆皇帝注重享受，大兴土木，还多次协同百官南巡，奢靡之风大行于社会之上，体制内贪污腐败的官员也不少，国库日渐空虚，现有财力无力支撑珐琅彩瓷的制作。

与此同时，景德镇御窑厂生产的粉彩瓷，无论是技术还是艺术审美，都已经发展得相当成熟，它们有着珐琅彩一样斑斓瑰丽的图案，出众的造型，但是制作成本却比珐琅彩瓷低许多。当时，将珐琅釉、粉彩为装饰的瓷器并不少，它们很难被定性为是珐琅彩瓷还是粉彩瓷，但不可否认的

粉彩镂空转心瓶

是，这些瓷器的艺术水准都非常高。这也是朝廷为了不让珐琅彩瓷器断烧的挽救之举，可惜的是，仍无法逆转珐琅彩瓷消失殆尽的命运，最终还是被粉彩瓷所取代，退出了历史舞台。

清朝末期，各处官窑也曾生产以珐琅彩为装饰的瓷器，它们仿造的是康乾时期瓷胎画珐琅的外观与特点，但其制作工艺与艺术价值都不如前者，只能算是高仿品。

清乾隆珐琅彩竹菊鹌鹑图瓶

民国仿珐琅彩的锦鸡牡丹纹薄胎碗

一袭传统

❀ 古月轩

　　古月轩与珐琅彩瓷究竟是不是同一种器物呢？这个谜团直到现在也没有一个定论。但可以肯定的是，它们都始创于康熙年间，且彩绘用料同为珐琅彩。

　　古月轩，也是一种清代的工艺美术品。它与珐琅彩瓷一样，使用的是珐琅为装饰釉料，制作工艺难度极高，并且都需要经高温烧制才能完成，只有在皇家御用的窑厂才可制作；但两者的胎体则不同，前者用的是玻璃胎，后者用的是白瓷胎体。

玻璃胎珐琅彩

关于"古月轩"一词是如何来的，众说纷纭。这几年，有学者提出瓷胎画珐琅就是"古月轩"的观点，但都没有形成系统的理论基础与史料证明。

流传的众多说法中，有三种相关的解释流传最广。第一种是乾隆在位时，有轩名"古月轩"，故此器物以轩名为名；第二种是一位胡姓匠师做出的一种名为"古月轩"的精致器物，皇家喜爱不已，并传令有关部门模仿烧制；第三种则是古玩商臆造出来的，其实从未有过名为"古月轩"的料器。"古月轩"至今仍是文物、博物馆和工艺美术界难以解释的谜团。有学者推测，也许是清朝末年宫中标有"古月轩"款识的玻璃胎画珐琅流落到市井之中，并被古玩收藏商发现，他们错误地以为瓷胎画珐琅就是玻璃胎画珐琅的一种，因此将其一并唤作"古月轩"。

❀ 绘画是珐琅彩瓷的精髓，画家是绘画的灵魂

珐琅彩瓷之所以名贵，不仅仅体现在选用优质的白瓷胎体，绘画才是它真正的艺术魅力所在。在装饰的图案方面，珐琅彩瓷绝对是独树一帜、技艺超群。这主要得益于朝廷招揽了大批艺术造诣极高的绘画名家，专门为瓷器生产设计装饰图案。

根据史料记载，清朝康熙年间至乾隆年间，宫廷内会聚了大量著名画家，他们专门为珐琅彩瓷提供创作图稿，除去娄东画派的发源者王原祁，擅长描绘人物、花卉的金廷标，满族名门唐岱，以江苏青桐居士自称的蒋廷锡，调侃自己

郎世宁乾隆大阅图

为"太平拙吏"的李世倬等中国本土画家之外,也有不少来自西方国家的画家,如家在意大利的中国传教士郎世宁,他有着异于常人的绘画天赋。这些名画家的画稿都是精品,所绘的纹饰线条细致生动,层次简明清晰,立体感强;创作风格大多古朴典雅,如微风轻拂,暗香浮动;所绘图案与纹饰也常常寓意隽永,常表达吉祥、和美、富贵等美好意愿。精美的画稿在工匠的巧手下,鲜活灵动地出现在珐琅彩瓷器表面,形韵、神韵一丝不差,使人心神荡漾不已。

⊕ 洋为中用的典范

珐琅彩原本是西方的装饰艺术,它之所以能够在中国的土壤下发展开来,并达到顶峰,体现出了"洋为中用"的思想魅力。当然,这也离不开统治者——康熙帝善于学习的精神和治国理念。

康熙帝广纳众长,他始终觉得即使是古时的圣贤,也是需要通过后天的学习才能有所成就。所以,他一边研习古代经史之学,一边学习西方国家的发展长处。文化与艺术的发展一直是康熙皇帝格外看重的事,在接触了充满艺术魅力的珐琅彩器物后,他便下旨要求内务府研发制作此类工艺美术品。

朝廷不惜成本专研此类技艺,还请到大批中外著名画家为御用宫廷画师,入驻"如意馆",精心设计珐琅瓷器画稿;造办处、景德镇御窑厂相互配合烧制珐琅彩瓷,极大地推动了中国陶瓷历史的发展。

源于西学技艺,实用中学固本,潜心研究,不懈努力,珐琅彩瓷才得以独步一时。这也正体现了晚清及近代中国人的学习和努力奋进的精神。